복음의 진실과
신세계 질서의 종말

이 춘 남 지음

도서
출판 **밀알서원**

밀알서원(Wheat Berry Books)은 **CLC**가 공동으로 운영하는
복음주의 출판사로서 신앙생활과 기독교문화를 위한
시, 수필, 간증, 경건 등의 도서를 출판하고 있습니다.

The Truth of the Gospel and the End of New World Order

Written by
Chun-Nam Lee

Korean Edition
Copyright © 2014 by Wheat Berry Books
Seoul, Korea

다른 이로서는 구원을 얻을 수 없나니
천하 인간에 구원을 얻을만한 다른 이름을
우리에게 주신 일이 없음이니라(행 4:12).

Contents

추천의 글 | 종용히 들리는 지혜자의 말   9
머 릿 글 | 듣든지 아니 듣든지 "하나님의 말씀이
이러하시다"라고 나는 말하리라   13

1부. 사단의 인류 말살 정책   17
   1. 경제 붕괴는 세계 정부 수립의 기회   19
   2. 작은 손 안의 큰 우상, 스마트폰   33
   3. 사람을 죽이는 의학   47

2부. 적그리스도의 신세계 질서   63
   1. 피조물들만의 세상, 신세계 질서   65
   2. 적그리스도의 인 베리칩   77
   3. 믿음의 사상과 뉴에이지   91
   4. 하나님의 사상과 뉴에이지의 한판 결승부   101

3부. 예수 그리스도의 복음의 진실   109
   1. 복음이란 사망의 사슬에서 벗어나는 것   111
   2. 복음을 증명한 믿음의 선조들   119

3. 죽음과 부활, 이것이 복음이다　　**131**
　　4. 왜곡된 복음　　**141**

4부. 하나님의 교회와 사단의 회　**151**
　　1. 하나님의 나라, 새 하늘과 새 땅　　**153**
　　2. 예수 그리스도의 몸 된 교회　　**163**
　　3. 세상 교회는 사단의 회　　**175**

5부. 하나님의 인 성령　**185**
　　1. 구약에 예표된 하나님의 인　　**187**
　　2. 우는 자의 이마에 친 하나님의 인　　**203**
　　3. 성령은 하나님의 인　　**213**

6부. 사람이 영생할 수는 없을까　**227**
　　1. 영생은 천하제일의 고가품　　**229**
　　2. 하나님의 불변의 약속, 영생　　**239**
　　3. 천국은 침노하는 자의 것　　**249**
　　4. 천국을 침노한 여인들　　**257**

7부. 천국을 침노한 나의 간증　　　　265

　　1. 땅에 떨어진 겨자씨　　　　　　　267
　　2. 링 위에 올라온 시어머니　　　　　273
　　3. 조상에게 절하라 그리하면 살리라　281
　　4. 핍박을 이긴 사랑의 힘　　　　　　285

8부. 길은 있다　　　　　　　　　　　293

　　1. 지금은 금식이 필요한 시대　　　　295
　　2. 교만을 시술해 내는 금식　　　　　307
　　3. 세상의 진찬은 사단의 덫　　　　　321

에필로그 | 나의이름　　　　　　　　　331

추│천│의│글

종용히 들리는
지혜자의 말

문 덕 영

　아들이 어머니의 글을 추천 하는 것이 공신력에 흠이 나지 않을까 우려되지만 어머니의 오랜 믿음의 길에서의 고난과 인내 그리고 성령의 인도하심을 가까이에서 목도하고 있는 증인이자 믿음의 동지로서, 또 진리의 말씀을 배우고 있는 제자로서 진실이 사라진 이 시대에 복음의 진실을 담은 희귀한 어머니의 글을 세상에 추천하고 싶은 간절한 마음에 펜을 들었다.

　어머니의 믿음의 삶은 내가 세상에 출생하기 전부터 시작되었다. 이런 나를 흔히 모태 신앙이라 말하지만 나는 사실 나이 삼십이 넘도록 어머니의 믿음을 따르지 못했다. 어려서는 그 믿음을 알지도 못했고 세상 중심에서 물마시듯 죄를 지으며 살았던 청년 시절에는 하나님과 믿음이란 나와는 상관없는, 재미없고 고리타분한 어머니의 신앙일 뿐이었다. 장성한 후에는 어머니께서 능력과 확신으로 전하시는 하나님의 말씀과 또 그 말씀대로 한결같이 살아가시는 어머니의 모습을 곁에서 지켜보며 나 또한 믿음을 가져보려고 노력도 했었다. 그러나 불도저같이 타협이 없는 어머니의 믿음이 육이 왕성한 내게 때론 거부되기도 했었고 또 믿음이 마음처럼 되지 않는 나의 모습에 좌절한 채 믿음을 포기하고 어머니를 배반한 적도 있었다. 철없던 시절의 나의 막중한 죄와 교만이 걸림돌이 되어 나를 하나님의 법에 굴복할 수 없게 했던 것임을 뒤늦게 알게 되었다. 그러나 아브라함을 생각하사 조카 롯을 멸망하는 소돔성에서 구원하셨던 하나님, 이제도 나를 위해 흘리신 어머니의 뜨거운 눈물을 받으시고 짐승 같이 살아온 나를 거룩하신 하나님 앞에 설 수 있도록 구원해 주셨다.

　자신을 돌아보지 않는 영혼에 대한 끈질긴 인내, 세상과 타협하지 않는 담대한 믿음, 하나님을 향한 변함없는 사랑. 세상에선 희귀한 하나님의 심장을 가진 어머니는 진정 하나님의 사람이다.

　이번에 어머니가 쓰신 『복음의 진실과 신세계 질서의 종말』은 세상에 파다한 정보를 수집해 놓은 정보 서적이 아니다. 성경의 막연한 지식이나 이론을 담은 설교집 또한 아니다. 성경 속에 계시된 하나님의 나라와 이상으로 본 이 마지막 시대를 성경전서 육십육 권을 총 망라하여 정확히 풀어 요약해 놓은 복음서로써 제2의 성경이 되리라 나는 믿는다. 세상에 경종을 울리게 될 이 글은 하나님의 길을 찾아 방황하는 사람에게는 나침반이 될 것이며 희소하게 세상에 남아 있는 하나님의 백성들에게는 기름진 영양식이 되리라고 확신한다.

어머니에게는 닳고 헤어진 성경 한 권이 있을 뿐이다. 그 흔한 종교서적이나 성경사전 한 권 없이 오직 성경 한 권으로 깨달은 심오한 진리를 구슬꿰미를 엮어가듯 한 자 한 자, 친필로 기록한 것은 분명 성령의 역사하심이다. 왜냐하면 성령의 감동으로 쓰여진 성경은 성령이 아니고는 숨겨진 계시를 깨달을 수 없고 그 뜻을 풀 수도 없기 때문이다. 각 시대마다 선지자들의 입을 통하여 세상의 심판을 경고해 오신 하나님께서 이 끝 시대에 알리고 싶으신 마지막 메시지를 어머니를 통하여 외치고 계신 것이다.

예수 믿음을 지키고 영혼 양육을 위해 바친 사십여 년, 길고도 험난했던 세월 속에서 어머니의 육신은 늙고 쇠하여 많이 초라해지셨다. 주 앞에서 자란 연한 순 같고 마른땅에서 나온 줄기 같아서 고운 모양도 풍채도 없었던, 그래서 사람들에게 싫어 버린 바 되셨던 예수님의 모습과 닮은 어머니, 그는 이 세대의 진정한 의인이요 이 시대를 먼저 본고로 말하는 신실한 하나님의 선지자이다.

종용히 들리는 지혜자의 말이
우매자의 어른의 호령보다 나으니라(전 9:17).

The Truth of the Gospel and the End of New World Order

들든지 아니 들든지
"하나님의 말씀이 이러하시다"라고
나는 말하리라

　버러지 같은 나를 대신하여 죽으신 예수 그리스도의 구속, 그 하나님의 사랑을 깨달은 후로부터 나는 자동차에 말씀을 싣고 방방곡곡으로 영혼을 찾아다니며 복음을 전하는 삶을 막연히 꿈꿔왔다.

　하나님의 사랑을 체험한 것이 남달랐다고 해야 할까 영혼에 대한 사랑이 남달랐다고 해야 할까. 하나님의 사랑을 알지 못하고 세상 살아가는 사람들이 안타까워 나는 거리로 오가는 행인들을 보며 때론 눈물짓기도 했었고 말씀을 들을 영혼이 있는 곳이라면 시간과 물질과 수고를 아끼지 아니하고 어디라도 찾아다니며 복음을 전했다.

　그러나 하나님의 사랑의 결실, 복음의 진실은 세상 임금 마귀가 지배하고 있는 거짓된 세상에서는 통하지 않았다. "악을 행하는 자는 궤사한 입술을 잘 듣고 거짓말을 하는 자는 악한 혀에 귀를 기울이느니라"(잠 17:4)는 말씀 같이 서로 속이고 속는 사람들이 어우러져 사는 세상이기에 거짓을 말하는 교회는 번성하지만 참된 진리를 말하는 하나님의 교회는 이 땅 어디에도 발붙일 곳이 없었다.

나의 뜨거웠던 복음 전도의 열은 이러한 세상의 장벽에 부딪혀 멍들고 상하고 찢겨져왔다. 아픈 연단의 수업료를 지불한 후에야 "나를 보내신 아버지께서 이끌지 아니하시면 아무라도 내게 올 수 없다"(요 6:44) 하신 예수님의 가르침을 배우게 되었다.

그 후 나 자신이 하나님께 온전히 드려지는 훈련을 하는 가운데 하나님께서 허락하신 비밀한 안식의 삶을 살아왔다. 그런 중에도 심령 저변에 떨쳐버릴 수 없는 탄식이 남아 있었으니 그것은 복음을 저버린 골육들과 마귀사단에게 온전히 장악된 세상을 바라보는 일이었다. 이것이 둔필의 나로 펜을 들게 한 이유이다. 그러나 짧은 필력의 미숙한 글을 세간에 드러내는 일이 자신이 없기도 했고 뉴에이지 시대에 걸맞지 않는 무명작가의 글을 누가 읽을 것이며 또한 이 영의 말씀을 누가 깨달을 수 있을까 하는 염려들로 번민했으나 소극적인 나의 생각을 접게 한 것은 에스겔서 말씀이었다.

> 주의 신이 내게 임하사 나를 일으켜 세우시고 내게 말씀하여 가라사대 너는 가서 네 집에 들어가 문을 닫으라 인자야 무리가 줄로 너를 동여매리니 네가 그들 가

운데서 나오지 못할 것이라 내가 네 혀로 네 입천장에 붙게 하여 너로 벙어리 되어 그들의 책망자가 되지 못하게 하리니 그들은 패역한 족속임이니라 그러나 내가 너와 말할 때에 네 입을 열리니 너는 그들에게 이르기를 주 여호와의 말씀이 이러하시다 하라 들을 자는 들을 것이요 듣기 싫은 자는 듣지 아니하리니 그들은 패역한 족속임이니라(겔 3:24-27).

이십여 년 나로 골방에 갇혀 벙어리 되게 하신 하나님께서 비로소 나의 입을 여셨다. 사단에게 속해 우상이 이끄는대로 끌려가는 세상, 황당무계한 거짓 교리에 속아 영혼을 유린당하고 있는 종교인들, 그들이 복음의 진실을 듣든지 아니 듣든지 이제 내게 상관없다. 다만 성령의 인도하심따라 "하나님의 말씀이 이러하시다"라고 나는 말하려 한다.

요소요소에 신구약의 많은 말씀을 인용한 것은 성경을 참고했다기 보다는 그 말씀들로 감추어진 하나님의 뜻을 드러내기 위하여 내 서툰 글이 뒷받침한 것이라 해야 옳을 것이다. 혹이 하나님이 영생주시기로 작정한 사람이라면 여기에 인용된 말씀만 가지고라도 하나님의 나라를 찾아가는 이정표가 되리라고 나는 믿는다. 이미 세상에서 사라진 복음의 진실을 마지막 세상에 전할 수 있도록 미숙한 나를 들어 사용하신 나의 아버지 하나님, 이 소책으로 그 크신 이름을 드높이기를 원한다.

왜곡된 예수 그리스도의 복음의 진리, 짓밟혀진 하나님의 크신 이름을 회복하기 위하여 돌 맞을 각오를 하고 쓴 특별한 글을 출판해 주신 밀알서원 박영호 사장님과 직원 여러분께 멀리서나마 진심으로 감사드리며 귀사에 하나님의 축복이 임하시기를 기원한다. 또한 그동안 뒤에서 격려해 주었던 가족들과 특히 바쁜 중에서 편집과 출판 일을 위해 수고한 아들 덕영이에게 하나님의 포상이 있기를 기도한다.

하나님의 사람 **이춘남**

제1부

사단의 인류 말살 정책

The Truth of the Gospel and
the End of New World Order

1 경제 붕괴는 세계 정부 수립의 기회

…그가 마음에 말하기를
나는 여황으로 앉은 자요 과부가 아니라
결단코 애통을 당하지 아니하리라 하니
그러므로 하루 동안에 그 재앙들이 이르리니
곧 사망과 애통과 흉년이라
그가 또한 불에 살라지리니
그를 심판하신 주 하나님은 강하신 자이심이니라
(계 18:7-8).

◆ 경제를 움직이는 검은 손

세계 초강대국인 미국의 채무 불이행으로 인한 정부 폐쇄와 이에 따른 세계 무역 시장의 통화인 달러 붕괴가 임박한 미국의 경제 파산이 도미노처럼 세계 경제로 연이어지는 역사상 가장 큰 금융 위기의 먹구름이 세상을 덮어오고 있다. 세계를 위기로 몰아넣는 경제 붕괴, 그 기근의 바람은 어디서 불어오는 것일까.

경제를 알지 못했던 나는 세계 경제는 미국을 중심으로 한 선진국들이나 석유 자원을 보유한 산유국들, 혹은 세계 거대 기업을 경영하는 큰 손에 의해 좌우 되는 줄로 막연히 알고 있었다. 그러나 미국 경제, 더 나아가 세계 경제를 움직이는 것이 세상 앞에 나타나 있는 어느 국가나 기업들이 아닌 뒤에 숨어 있는 소수의 금융 엘리트들임을 알게 되었다. 더 놀라운 것은 그들이 '연방준비은행'(FRB)이라는 그들의 사 은행에서 정부 고유 권한인 통화 발행권을 쥐고 국가 위에 군림하여 정부를 지휘한다는 사실이었다.

이미 수세기 전부터 검은 손으로 세계 경제를 조종해온 금융 엘리트들은 그들의 소유인 '연방 준비 은행'에서 사악한 그들의 정책에 의해서 돈을 임의대로 마구 찍어내어 세상에 풀어놓았다. 사람들은 은행에서 돈을 쉽게 대출하여 사업을 확장하고 좋은 집도 사고 멋진 자동차도 굴리며 호황을 누려왔다.

그러는 동안에 고금리 이자를 챙겨온 그들은 이자에 이자로

눈덩이 같이 불어난 빚더미 위에 앉아 채무불이행하는 사업들과 나라들을 자연스럽게 무너뜨리고 그것을 헐값으로 사들이는 전략을 펴 온 것이다. 이것이 오늘의 경제 난국을 불러온 표면적 원인이다. 그렇게 번영하던 풍년의 시대는 부자들을 태운 호화 여객선 타이타닉이 바다에 서서히 침몰해 갔듯이 이제 기근의 흉년의 시대로 그 몸체가 빠져들고 있다.

그러나 호황과 불황을 의도적으로 만들어가는 지배 엘리트들의 음모는 악인을 악한 날에 쓰시는 하나님의 섭리 안에서 범죄한 세상을 징계하시는 하나님의 심판인 것이다. 이러한 하나님의 진노로 말미암은 재앙들은 인간의 범죄와 함께 시작되었으나 급변하는 시대와 함께 오히려 그 죄악은 급성장해왔고 이에 비례하여 세상에 임하는 재앙들 역시 극대화 되고 있다.

성경에 흑마와 백마와 어룽진 말과 건장한 말로 계시된 기근, 적그리스도, 전쟁, 사망의 재앙들은 세상을 멸하시기로 작정하신 여호와 하나님의 보내심을 받은 멸망의 바람들로 바다의 경계를 넘어 육지로 달려드는 쓰나미의 기세처럼 땅 사방으로 거세게 몰아쳐오고 있다.

> 내가 또 눈을 들어 본즉 네 병거가 두 산 사이에서 나왔는데 그 산은 놋 산이더라 첫째 병거는 홍마들이 둘째 병거는 흑마들이 셋째 병거는 백마들이 넷째 병거는 어룽지고 건장한 말들이 매었는지라 내가 내게 말하는 천

사에게 물어 가로되 내 주여 이것들이 무엇이니까 천사
가 대답하여 가로되 이는 하늘의 네 바람인데 온 세상
의 주 앞에 모셨다가 나가는 것이라 하더라. 흑마는 북
편 땅으로 나가매 백마가 그 뒤를 따르고 어룽진 말은
남편 땅으로 나가고 건장한 말은 나가서 땅에 두루 다
니고자 하니 그가 이르되 너희는 여기서 나가서 땅에
두루 다니라 하매 곧 땅에 두루 다니더라. 그가 외쳐 내
게 일러 가로되 북방으로 나간 자들이 북방에서 내 마
음을 시원케 하였느니라 하더라(슥 6:1-8).

주 앞에 모셨다가 나가는 네 바람 중 기근으로 계시된 북방
에서 나간 흑마, 곧 기근으로 인하여 하나님의 마음이 시원하시
다 함은 세상의 버팀목이 되는 경제가 붕괴된 후 백마로 계시
된 적그리스도가 그 뒤를 따를 것이며 어룽지고 건장한 말로 계
시된 전쟁과 사망이 그 뒤를 따를 것이 하나님의 뜻이기 때문이
다. 악한 자들에 의한 세계 경제 붕괴는 세계 단일 경제 체제로
가는 단계이며 이는 세계 정부 수립의 수순인 것이다. 이러한 거
대한 시나리오는 세계 정부를 통치할 적그리스도를 왕으로 추대
하는데 그 목적이 있으며 적그리스도는 전쟁과 사망을 주도하게
될 것을 예언하신 말씀이다.

이러한 기근의 출처를 모르는 소시민들은 엄동설한 뒤에 만
물회생의 양춘이 찾아와 대지를 녹이듯이 혹 이제나 저제나 얼

어붙은 경기가 회복되어 살기 좋은 날이 오리라는 한 가닥 기대를 하며 오늘을 살아가고 있다. 이 갈대지팡이 같은 소망이 민초들의 삶을 지탱해주는 힘이 아닌가 싶어 안타깝다.

지식 없는 선치 못한 소원을 의뢰함보다 눈을 들어 높은 곳에서 진리로 세상을 심판하시는 만유의 주재이신 하나님의 뜻이 무엇인가를 아는 것이 오늘의 난국을 현명하게 헤쳐 나갈 지혜일 것이다.

알파와 오메가이신 하나님은 세상 마지막 시기에는 여러 가지 재난과 함께 기근이 인간 나라에 임할 것을 이미 신구약 여러 곳에서 말씀하셨다.

> 셋째 인을 떼실 때에 내가 들으니 셋째 생물이 말하되 오라 하기로 내가 보니 검은 말이 나오는데 그 탄자가 손에 저울을 가졌더라. 내가 네 생물사이로서 나는 듯 하는 음성을 들으니 가로되 한 데나리온에 밀 한 되요 한 데나리온에 보리 석 되로다. 또 감람유와 포도주는 해치 말라 하더라(계 6:5-6).

성경 마지막 책인 요한계시록은 반드시 속히 될 일을 그 종들에게 보이시려고 천사를 보내어 요한에게 지시한 말씀이다.

중동의 산유국들이 연이어 침을 당하고 이로 인한 유가 상승은 물가 상승으로 이어지고 이에 따른 사업들의 파산과 높은 실업률, 또한 천재지변과 전쟁 같은 악재들은 장정 하루 품삯으로 밀 한 되나 보리 석 되를 사야하는 기근을 초래하게 될 것이다.

지구가 끊임없이 배출해 내는 수증기가 지상 위로 올라가 크고 작은 구름 덩이를 만들어 내고 그 구름은 다시 비가 되어 땅 아래로 쏟아지듯이 병목에 찬 인간 세상의 불의와 사치가 하늘에 사무쳐 하나님의 분노가 되어 세상 위에 쏟아지고 있는 것이다.

집집에 배달되는 우편물은 때로 송달의 차질을 가져올 수 있지만 사람이 무엇을 심든지 그 뿌린 행위의 결과를 한 치의 실수 없이 각인에게 되돌리는 진리의 법칙이 인간이 행한 죄악의 형태대로 사망과 애통과 흉년을 세상에 뿌리고 있는 것이다.

> 그 죄는 하늘에 사무쳤으며 하나님은 그의 불의한 일을 기억하신지라. 그가 준 그대로 그에게 주고 그의 행위대로 갑절을 갚아주고 그의 섞은 잔에도 갑절이나 섞어 그에게 주라. 그가 어떻게 자기를 영화롭게 하였으며 사치하였든지 그 만큼 고통과 애통으로 갚아주라. 그가 마음에 말하기를 나는 여황으로 앉은 자요 과부가 아니라 결코 애통을 당하지 아니하리라 하니 그러므로 하루 동안에 그 재앙들이 이르리니 곧 사망과 애통과 흉년이라(계 18:5-8).

◆ 탐학이 불러온 죄악의 결국

원인 없는 결과는 없다. 현실에 나타나는 인간사 모든 결과는 보이지 않는 원인으로 말미암는다. 물질이나 세월이나 사랑마저도 낡고 쇠하고 없어지는 것은 누가 그것을 빼앗거나 공연히 잃어버리는 것이 아니라 스스로 허비하여 써버린 까닭이다. 그러므로 인간의 모사이신 하나님은 사람이 하나님께 받은 분깃을 올바르게 관리해야할 지혜를 기원의 책인 창세기에서 진작에 가르쳐 이르셨다.

창세기 41장에 기록된 애굽 왕 바로에게 보이신 꿈이 그것이다. 이 기이한 꿈에 관한 진리를 세상이 모르는 것은 당연하거니와 교중 사람들마저도 다만 신화적 이야기처럼 알고 있을 뿐 그 작정하신 하나님의 뜻을 깨닫는 사람은 이 시대에 그리 흔치 않다.

바로가 꾼 꿈의 내용은 이러했다. 아름답고 살찐 일곱 암소가 하수에서 올라와 갈밭에서 뜯어먹고 그 뒤에 또 흉악하고 파리한 일곱 암소가 하수에서 올라와 그 아름답고 살찐 일곱 암소를 먹어버린 꿈이었다.

바로가 잠을 깨었다가 다시 잠이 들었더니 한 줄기에 무성하고 충실한 일곱 이삭이 나오고 그 후에 또 세약하고 동풍에 마른 일곱 이삭이 나오는데 그 세약한 일곱 이삭이 무성한 일곱 이삭을 삼키는 몽조가 같은 꿈을 연이어 꾸게 되었다. 잠에서 깬 바로는 꿈꾼 내용을 곧 잊어버렸으나 범상치 않은 꿈을 인하여 왕의 마음이 번민하여 애굽의 술객들과 박사들을 모두 불러 그들에게 그 꿈의 내용과 해석을 고할 것을 명했다.

그러나 바로가 꿈속으로 받은 이상을 알아낼 수 있는 사람은 없었다. 이때 애굽에 종으로 팔려왔던 요셉이 하나님의 오묘하신 섭리로 왕 앞에 서게 되었고 그는 전능하신 하나님의 은총을 입어 바로에게 보이신 꿈의 내용과 그 해석까지 왕에게 고하였다.

내가 바로에게 고하기를 하나님이 그 하실 일로 바로에게 보이신다 함이 이것이라 온 애굽 땅에 일곱 해 큰 풍년이 있겠고 후에 일곱 해 흉년이 들므로 애굽 땅에 있던 풍년을 다 잊어버리게 되고 이 땅이 기근으로 멸망되리니 후에 든 그 흉년이 너무 심하므로 이 전 풍년을 이 땅에서 기억하지 못하게 되리이다. 바로께서 꿈을 두 번 겹쳐 꾸신 것은 하나님이 이 일을 정하셨음이라 속히 행하시리니 이제 바로께서는 명철하고 지혜 있는 사람을 택하여 애굽땅을 치리하게 하시고 바로께서는 또 이같이 행하사 국 중에 여러 관리를 두어 그 일곱 해 풍년에 애굽 땅의 오분의 일을 거두되 그 관리로 장차 올 풍년의 모든 곡물을 거두고 그 곡물을 바로의 손에 돌려 양식을 위하여 각 성에 적치하게 하소서. 이와 같이 그 곡물을 이 땅에 저장하여 애굽 땅에 임할 일곱 해

> 흉년을 예비하시면 땅이 이 흉년을 인하여 멸망치 아니
> 하리이다(창 41:29-38).

하나님이 바로에게 보이신 꿈은 풍년을 맞은 애굽 땅에 임하게 될 흉년을 경고하신 것으로써 미래의 세상을 계시하신 예언적 경고이다. 산업 혁명이후 세상은 자원과 물자가 풍부한 풍년의 시대를 만끽하며 살아왔다. 번영하는 갖가지 사업들, 하늘을 찌를 듯한 높은 빌딩들, 거리를 매우는 자동차들 등 세상은 영영히 망하지 아니할 여황처럼 사치하고 영화를 누려왔지 않는가?

그러나 그 시대는 끝이 나고 그 뒤를 이어 자원과 물질이 고갈되고 경제가 무너지는 무서운 흉년이 와서 풍요로웠던 이전 시대를 기억한 바 없이 삼키게 될 마지막 시대를 경고하신 예언이다.

예언의 말씀대로 흉년의 시대는 이미 시작되었다. 애굽은 하나님의 뜻을 먼저 깨달은 지혜로운 요셉의 경고를 듣고 다가올 칠 년 흉년의 날의 양식을 풍년의 날에 적치하여 예비함으로 기근의 멸망에서 구원받을 수 있었다. 이집트의 역사는 고루한 신화와 같이 성경 속에 묻어둘 옛이야기가 아닌 위기에 처한 오늘을 살아가는 이 세대가 유념해야할 교훈이며 지혜이다.

많은 세월을 쉼 없이 돌아가느라 닳고 헤어져서 여기저기 이상 징후가 나타나는 지구나 어느새 잔주름 사이에 여기저기 검버섯이 핀 황혼의 나의 인생도 왕성하고 아름다웠던 청년의 젊

은 날이 분명 있었다. 그러나 이제 늙고 쇠하여 가는 것은 세월 속에서 썩어버리고 남은 흔적이리라. 개인에게나 인류에게나 흉년의 날, 그 종말은 반드시 이른다. 그날이 오기 전, 하나님의 은혜를 볼 산 자의 땅에 거하는 날 동안 다가올 심판의 날을 예비하여 멸망을 피하라는 것이 흉년을 맞게 될 세상에 외치시는 하나님의 메시지이다.

> 청년이여 네 어릴 때를 즐거워하며 네 청년의 날을 마음에 기뻐하여 마음에 원하는 길과 네 눈이 보는 대로 좇아 행하라. 그러나 하나님이 이 모든 일로 인하여 너를 심판 하실 줄 알라. 그런즉 근심으로 네 마음에서 떠나게 하며 악으로 네 몸에서 물러가게 하라. 어릴 때와 청년의 때가 다 헛되니라. 너는 청년의 때 곧 곤고한 날이 이르기 전 나는 아무낙이 없다고 할 해가 가깝기 전에 너의 창조자를 기억하라. 해와 빛과 달과 별들이 어둡기 전에 비 뒤에 구름이 다시 일어나기 전에 그리하라(전 11:9-12:2).

물로 심판받았던 노아 시대나 불로 소멸되었던 소돔과 고모라 시대의 사람들이 먹고 마시고 시집가고 장가들면서 멸망되기까지 깨닫지 못했던 것 같이, 풍요로웠던 세상의 끝이 임박한 위태로운 시대를 살고 있으면서도 사람들은 시기를 알지 못하고 물자와 일락에 취해 혼미하게 살아가고 있다.

"주 여호와께서 가라사대 보라 날이 이를찌라 내가 기근을 땅에 보내리니 양식이 없어 주림이 아니며 물이 없어 갈함이 아니요 여호와의 말씀을 듣지 못한 기갈이라"(암 8:11)하심과 같이 오늘이 맞고 있는 영과 육의 기근은 사실 어느 특정인만의 탓이 아니라 하나님께로부터 받은 물질 자원을 불법과 불의로 취득하거나 사치와 허영으로 낭비하면서 사람이 마땅히 드려야 할 것을 드리지 아니한 인간 탐학이 불러온 죄악의 결국이다.

> 만군의 여호와가 이르노라 너희 열조의 날로부터 너희가 나의 규례를 떠나 지키지 아니하였도다 그런즉 내게로 돌아오라 그리하면 나도 저희에게로 돌아가리라 하였더니 너희가 이르기를 우리가 어떻게 하여야 돌아가리이까 하도다 사람이 어찌 하나님의 것을 도적질하겠느냐 그러나 너희는 나의 것을 도적질하고도 말하기를 우리가 어떻게 주의 것을 도적질 하였나이까 하도다 이는 곧 십일조와 헌물이라 너희 곧 온 나라가 나의 것을 도적질하였으므로 너희가 저주를 받았느니라 만군의 여호와가 이르노라 너희의 온전한 십일조를 창고에 들여 나의 집에 양식이 있게 하고 그것으로 나를 시험하여 내가 하늘 문을 열고 너희에게 복을 쌓을 곳이 없도록 붓지 아니하나보라(말 3:7-10).

누가복음 15장에는 창조주 여호와께로부터 분배 받은 분깃을 가지고 하나님을 멀리 떠나 이방나라에서 마음과 육체가 원하는 대로 다 써버린 후에 세상에서 기근을 만나게 될 인생의 모습을 그린 탕자의 이야기가 기록되어있다.

또 가라사대 어떤 사람이 두 아들이 있는데 그 둘째가 아비에게 말하되 아버지여 재산 중에서 내게 돌아올 분깃을 내게 주소서 하는지라 아비가 그 살림을 각각 나눠주었더니 그 후 며칠이 못되어 둘째아들이 재물을 다 모아가지고 먼 나라로 가 거기서 허랑방탕하여 그 재산을 허비하더니 다 없이 한 후 그 나라에 크게 흉년이 들어 저가 비로소 궁핍한지라 가서 그 나라 백성중 하나에게 붙여 사니 그가 저를 들로 보내어 돼지를 치게 하였는데 저가 돼지 먹는 쥐엄 열매로 배를 채우고자 하되 주는 자가 없는지라 이에 스스로 돌이켜 가로되 내 아버지에게는 양식이 풍족한 품꾼이 얼마나 많은고 나는 여기서 주려 죽는구나 내가 일어나 아버지께 가서 이르기를 아버지여 내가 하늘과 아버지께 죄를 얻었사오니 지금부터는 아버지의 아들이라 일컬음을 감당치 못하겠나이다 나를 품꾼의 하나로 보소서 하리라 하고 이에 일어나서 아버지께로 돌아가니라 아직도 상거가 먼데 아버지가 저를 보고 측은히 여겨 달려가 목을 안고 입을 맞추니(눅 15:11-20).

돼지 먹는 쥐엄 열매로도 배를 채우고자 하되 주는 자가 없었던 탕자, 그의 모습은 소수의 미화원을 구하는 구인 광고에 수백 명이 지원하는 이 시대를 반영하는 것이다. 그러나 탕자는 주려죽는 지경에서 양식이 풍족한 아버지 집을 기억하고 죄인이 되어 아버지께 돌아왔다. 아버지는 그의 지난 날의 죄를 기억치 아니하고 잃었다가 다시 찾은 아들을 반겨 맞으며 모든 좋은 것을 아끼지 아니하고 그를 위하여 잔치를 베풀었다.

> 아들이 가로되 아버지여 내가 하늘과 아버지께 죄를 얻었사오니 지금부터는 아버지의 아들이라 일컬음을 감당치 못하겠나이다 하나 아버지는 종들에게 이르되 제일 좋은 옷을 내어다가 입히고 손에 가락지를 끼우고 발에 신을 신기라 그리고 살찐 송아지를 끌어다가 잡으라 우리가 먹고 즐기자 이 내 아들은 죽었다가 다시 살아났으며 내가 잃었다가 다시 얻었노라 하니 저희가 즐거워하더라(눅 15:21-24).

이 탕자의 비유는 하나님을 떠나 수고로운 삶을 사는 인간에게 회개를 촉구하시는 하나님의 사랑의 메시지이다. 곤고한 인생을 살아가는 인간이 그 고난 속에서 하나님을 기억하고 죄인이 되어 하나님께 돌아오면 온 세상에 임하여 땅에 거하는 자들을 심판하시는 기근 가운데서도 풍족한 삶을 누리게 되리라는 약속의 말씀이다.

> 네 자손이 내 언약과 저희에게 교훈하는 내 증거를 지킬진데…내가 이 성의 식료품에 풍족히 복을 주고 양식으로 빈민을 만족케 하리라(시 132:12-15).

2 작은 손 안의 큰 우상, 스마트폰

다니엘아 마지막 때까지
이 말을 간수하고 이 글을 봉함하라
많은 사람들이 빨리 왕래하며 지식이 더하리라
(단 12:4).

◆ 기생의 옷을 입은 마술의 주인공

수년 전 하나님께서 사단의 역사의 중심무대인 로마 바티칸과 유럽을 돌아볼 수 있는 기회를 내게 허락해 주셨다. 아들과 함께 자동차를 타고 약 한 달간 서유럽 5개국을 순회하는 여행이었다. 갑자기 결정된 여행이어서 왕복 비행기 표를 구입하고 자동차 렌트를 예약한 것 외에는 별다른 준비가 없었다.

무엇을 보고 어디서 자고 무엇을 먹고 많은 정보가 필요한 여행이었지만 유럽지도 한 장 없이 출발했다.

준비가 미비해 염려하는 나와는 달리 아들은 별 걱정이 없었다. 아들의 손에는 모든 여행 정보를 알려줄 만능 해결사 스마트폰이 있었기 때문이었다.

프랑스 파리 공항에 도착해 예약한 자동차를 픽업한 후 아들이 가장 먼저 한 일은 스마트폰을 자동차에 장착시키고 우리의 그날 목적지를 그것에 입력시키는 일이었다. 우리는 설정한 목적지 독일을 향해 출발했다. 도중 휴게소에 들려 아들은 차내에 가만히 앉아서 손바닥 안의 작은 화면에 손가락을 이리 저리 굴리며 스마트폰으로 숙소를 알아보았다. 그것은 목적지 인근의 모든 숙박업소의 형태를 한눈에 알아 볼 수 있도록 업소들의 사진과 가격까지 친절히 비교 및 설명해주었다. 아들은 스마트폰에 신용카드 번호를 입력시켜 결제하여 간단히 호텔을 예약했다.

이렇게 스마트폰은 지갑을 대신해 주었고 따라서 우리는 현금이 없이도 여행할 수 있었다. 그뿐만이 아니다. 그 작은 기기는 각 나라의 볼거리, 먹거리, 등 여행지의 많은 정보를 알려주었고 유럽 5개국 구석구석을 안내해 주는 똑똑하고 친절한 가이드 역할까지 해주었다. 식사 때면 식당으로, 자동차에 기름이 필요할 때면 주유소로, 장을 보려 할 때는 마켓으로 원하는 어디라도 안내주었고 무엇이든 물어보면 척척 대답해 주는 그것을 나는 여행 기간 중 요물이라 불렀다.

세력이 다함이 없는 로마, 그 중심부에 견고한 성으로 둘러싸여 있는 특별한 나라 바티칸, 그 안에 장엄하게 자리하고 있는 치외 법권 교황청, 또 새긴 우상으로 도배한 베드로 성당, 그리고 하나님께 많은 분깃을 받아 누리면서도 하나님이 거하시는 자리는 그 어디에서도 찾아 볼 수 없는 유럽, 하나님의 자리에 앉아서 기사와 표적을 행하는 스마트폰, 가는 곳마다 사단의 역사와 흔적을 경험하는 일이 피곤하고 괴로운 일이었다. 결국 우리는 계획했던 여행 일자를 채우지 못하고 돌아오긴 했지만 여행에서 얻은 유익은 컸다.

여행의 시작부터 끝까지 아들에게 필요한 모든 정보를 실시간으로 알려주었던 작은 손 안의 큰 우상, 그 요물은 기생의 옷을 입은 마술의 주인공으로서 모든 사람의 영혼을 사로잡아 혼미해진 그들을 종 삼으려는 신세계 질서의 주요한 기기인 것을 알게 되었다.

> 이는 마술의 주인 된 아리따운 기생이 음행을 많이 함을 인함이라 그가 그 음행으로 열국을 미혹하고 그 마술로 여러 족속을 미혹하느니라(나 3:4).

인터넷이 세상에 출현한 것은 그리 오래지 않다. 아니 인류 역사를 본다면 최근이라 하겠다. 이메일이 일반에 알려진 것이 인터넷의 초기라고 본다면 약 1980년대 즈음이 아니었나 싶다. 그즈음 내가 기독교에 몸담고 있을 때였다.

"이제 돈을 가지고 다니지 않고 카드 하나만 가지고 다니며 물건을 사는 세상이 온데. 유럽 일부 지역에서 실험적으로 실시하고 있단다"라는 소문을 들었었다. 막연히 그것이 말세의 징조라는 생각에 교인들의 입에서 수군거리며 전해졌던 것이다. "돈 없이 카드로 물건을 산다?" 설마 했던 소문이 현실이 된 지도 벌써 옛날 옛적 일이다.

인터넷의 역사는 짧지만 그의 능력이 세상에 미치는 영향과 위력은 실로 엄청나다. 인터넷의 출현 전에는 상상도 할 수 없었던 일들이 이제는 현실로 가능해졌다. 그 가상공간을 통해서 물건을 사고팔고 사람들과 만나고 대화하며 정보를 공유하고 신문을 보고 책을 읽으며 음악을 들으며 TV와 영화를 보는 것은 더 이상 놀라운 일이 아니다. 삶은 편해지고 쉬워졌다.

무엇을 먹을까? 어디로 갈까? 어떻게 할까? 궁금한 모든 것은 손가락 끝으로 물을 수 있으며 그것은 즉시 해법을 제시한다.

이제 공중의 권세 잡은 인터넷은 물리적으로 존재하지 않는 사이버 공간속에서 세상을 움직이고 있다.

컴퓨터와 인터넷 없이 사업이나 회사의 업무를 보는 것은 이제 상상할 수 없는 일이다. 학교에 갈 수 없는 상황이라면 굳이 출석할 필요가 없다. 온라인상에서 공부 하고 과제 받고 자료 검색하고 작성하여 메일로 제출하면 된다. 친구들과 어울려 캠퍼스의 낭만을 즐길 수는 없어도 같은 졸업장과 자격을 받을 수 있게 되었다.

병원 진료에서도 그의 역할은 놀랍다. 이제 병원에 가지 않아도 안방에서 건강검진과 진료를 받을 수 있는 시대가 왔다. 환자의 건강 정보가 칩을 통해 병원에서 체크되고 이 정보를 통해 개개인의 건강을 원격관리 할 수 있는 시스템을 갖춘 스마트 병원의 개설이 한국에서는 뜨겁게 각축전을 벌이고 있다는 소식이다.

사실 나는 인터넷을 잘 모른다. 어깨 너머로 얻어들은 지식들은 그의 행사에 있어 새 발의 피도 안 될 것이다. 그러나 내가 확실하게 아는 것은 약 이삼천 년 전에 후일에 될 일을 하나님께서 다니엘에게 보이신 예언이 이제 세상에 완연하게 성취된 사실이다.

다니엘아 마지막 때까지 이 말을 간수하고 이 글을 봉함하라 많은 사람들이 빨리 왕래하며 지식이 더하리라
(단 12:4).

세상의 모든 지식과 정보를 모아 연결해놓은 구글(Google). 모든 지식을 빛처럼 빠르게 알려주는 이 세대의 모사! 사람들은 구글에게 모든 것을 묻는다. 그것으로 인하여 세상은 빨라졌고 지식은 넘쳐나고 있다. 인터넷은 "십 년이면 강산이 변한다"는 옛 속담을 일 년이면 변하도록 때를 변개 했고 수고와 인내 없이도 필요한 모든 지식과 정보를 쉽게 얻게 하여 울며 씨를 뿌려야 기쁨으로 단을 거두는 진리의 법을 땅에 던져버렸다.

경제, 정치, 사회, 문화, 종교, 교육에 이르기까지 합리적이고 경제적인 묘안을 쉽고 빠르게 세상에 무료로 제공해 주는 인터넷, 그래서 각인의 손바닥 안으로 들어온 스마트폰에서 이 세대 누가 굴복하지 않을 수 있을까? 정보통신 사업이 세계 선두 주자인 한국에는 스마트폰 가입자가 경제 활동 인구 2,500만 명보다 더 많은 3,000만 명을 넘는다는 소식을 들었다.

남녀노소 심지어는 성경이 놓여 있어야 할 목사들의 책상 위에까지 컴퓨터가, 그들의 손에는 스마트폰이 들려 있으니 이제 컴퓨터가 자리하지 않은 곳이나 스마트폰을 손에 들고 있지 않은 사람을 찾는 것이 쉽지 않은 세상이 되었다. 이는 그가 인간의 모든 삶을 깊숙이 장악했음을 증명하고 있는 것이다.

"또 권세를 받아 성도들과 싸워 이기게 되고 각 족속과 백성과 방언과 나라를 다스리는 권세를 받으니 죽임을 당한 어린양의 생명책에 창세 이후로 녹명되지 못하고 이 땅에 사는 자들은 다 짐승에게 경배하리라"(계 13:7-8)하신 말씀이 응한 것이다.

그러나 그 능력 있는 인터넷이 인간 삶에 진정한 행복을 가져다주었는가?

그 행사의 결과를 냉철히 주목해 보자. 그것은 신문사, 출판사, 도서관, 영화관, 음반사, 인쇄업, 사진업 등 이미 많은 산업을 잠식 해가고 있으며 서서히 작은 가게와 큰 마트, 회사, 병원, 대학교마저도 위협하고 있다.

이로 인하여 해마다 늘어나는 실업자 문제는 오늘이 직면하고 있는 중대 사안 중의 하나가 되었고 이에 따라 발생되는 높은 범죄율은 경제 위축만큼이나 사람들의 마음을 위협하고 있는 것이 현실이다.

또한 사람들에게 심심할 틈을 주지 않겠다던 그의 말대로 이제 사람들은 심심하지 않다. 혼자 있어도 외롭지 않다. 왜냐하면 인터넷 안에는 신기하고 재미로운 일들이 늘 가득하기 때문이다. 그래서 가정에서, 회사에서, 차내에서, 거리에서 언제 어디서나 심취하여 들여다보는 스마트폰이 사람들로 하여금 얼마나 자기 일에 태만하게 하며 혼미하게 하고 삶의 의욕을 잃게 하며 많은 젊은이의 정신을 병들게 하여 골방폐쇄인을 만들어 가고 있는가?

더 심각한 것은 수치, 통계 데이터와 같은 과학적인 것만을 인정하는 산업은 사람이 지녀야 할 인성이나 감성을 마비시켜 머리만 있고 가슴은 없는 무정하고 무자비한 인간상을 만들어 가고 있는 것이다. 날로 강팍하고 무서운 시대로 달려가는 오늘의 세상을 우려하는 목소리는 한켠에 있지만 이렇게 비상하게 파괴를 행하는 자가 누구이며 그 끝이 어디인지 아는 사람은 많지 않다. 온 가족이, 온 나라가 홍수에 엄몰됨 같이 인터넷에 빠져 그들의 영혼이나 인생을 돌아보지 못하게 하는 그것이 결국 사람을 사로잡아 그의 노예를 삼으려는 마귀사단의 전략이다.

> 소년이 곧 그를 따랐으니 소가 푸주로 가는 것 같고 미련한 자가 벌을 받으려고 쇠사슬에 매이러 가는 것과 일반이라 필경은 살이 그 간을 뚫기까지에 이를 것이라 새가 빨리 그물로 들어가되 그 생명을 잃어버릴 줄을 알지 못함과 일반이니라…대저 그가 많은 사람을 상하여 엎드러지게 하였나니 그에게 죽은 자가 허다하니라 그 집은 음부의 길이라 사망의 방으로 내려가느니라(잠 7:22-27).

◆ 오빌의 금을 강가에 던져버렸다.

이스라엘아 들으라 우리 하나님 여호와는 오직 하나인 여호와시니 너는 마음을 다하고 성품을 다하고 힘을 다하여 네 하나님 여호와를 사랑하라 오늘날 내가 네게 명하는 이 말씀을 너는 마음에 새기고 네 자녀에게 부지런히 가르치며 집에 앉았을 때에든지 길에 행할 때에 든지 누웠을 때에든지 일어날 때에든지 이 말씀을 강론 할 것이며 너는 또 그것을 네 손목에 매어 기호를 삼으 며 네 미간에 붙여 표를 삼고 또 네 집 문설주와 바깥문 에 기록할 찌니라(신 6:4-9).

오직 하나인 여호와 하나님의 말씀을 집에서나 길에서나 누웠을 때나 일어날 때나 마음에 간직하며 살아야하는 것이 피조물인 인간이 창조주 하나님 앞에 행할 바 도리이거늘 정도에서 벗어난 타락한 사람들은 집에 앉았을 때나 길을 행할 때에나 잠자리에 누웠을 때에나 일어날 때에나 스마트폰과 함께 한다. 사회와 가정을 병들게 하고 영혼을 깊이 잠들게 하여 사람을 음부의 방으로 유인하는 악마의 유혹. 그것은 점점 작아져서 멀지 않아 사람의 몸 안으로 들어가 그의 것으로 마침내 인을 치게 될 것이다.

이러한 사단의 전략, 사이버 공격을 알아차린 나는 여행에서 돌아온 후 노루가 사냥꾼의 올무에서 스스로 벗어나 생명을 구함같이 예수 그리스도의 이름을 의탁하고 과감하게 인터넷을 끊었다. 아들은 스마트폰을 개에게 던져버렸고 책상 위에 올려있던 노트북은 나무광에서 도끼로 찍어버렸다

너희는 스스로 삼가 네가 들어가는 땅의 거민과 언약을

세우지 말라. 그들이 너희 중에 올무가 될까 하노라 너
희는 도리어 그들의 단을 헐고 그들의 주상을 깨뜨리고
그들의 아세라 상을 찍을찌어다 너는 다른 신에게 절하
지 말라. 여호와는 질투라 이름하는 질투의 하나님이니
라(출 34:12-14).

왜냐하면 우리가 무엇이든 물어보고 때마다 일마다 의뢰해야 할 대상은 인터넷이 아닌 인간의 모사이신 하나님이시고, 주야로 머리 숙여 들여다보아야 할 것은 스마트폰이 아닌 하나님의 말씀임을 확신했기 때문이다. 그 우상의 단을 찍어 버리는 것이 만군의 하나님을 진정 주님으로 앞에 모시고 사는 그리스도인의 삶이기에 우리는 성령의 도우심으로 이를 행했다. 하나님께서 온 세상을 뒤덮는 시험의 때를 면케 하신 기적의 은혜였다.

네가 나의 인내의 말씀을 지켰은즉 내가 또한 너를 지
키어 시험의 때를 면하게 하리니 이는 장차 온 세상에
임하여 땅에 거하는 자들을 시험할 때라(계 3:10).

거미줄같이 나를 얽어매고 있는 육의 줄들을 하나씩 끊어낼 때마다 해산의 고통 같은 아픔과 싸워야 했듯이 적그리스도의 문화에서 벗어나는 일에도 상당한 값을 지불해야 했다.

인터넷 위약벌금 300달러는 시작에 불과했다. 우리는 인터넷

으로 처리하던 많은 업무를 시간과 비용, 수고를 들여 발품을 팔아야 했고 인터넷 고지서를 받으면 25%나 할인 혜택을 제공하는 전기, 전화 회사들에 돈을 더 지불하고 인터넷 고지서를 취소했다. 가만히 앉아서 물건과 물가를 비교하여 싸고 쉽게 물건을 사고팔았던 매매 사이트도 이용하지 않았다. 인터넷을 끊고 보니 그것은 현대를 살아가는 사람들의 필수 생활 수단으로 자리매김한 큰 우상임을 피부로 실감했다.

"저 인터넷 사용 안합니다. 혹시 우편으로 보내줄 수 있나요?"
"이메일도 사용하지 않나요?"
"네 그것도 사용하지 않아요."
"그게 어떻게 가능하죠? 이런 사람 첨 봤네요."

은행 직원과 아들이 은행에서 주고받았던 대화이다. 혹은 어떻게 살아 있느냐고 묻는 사람도 있었다. 인터넷이 없이 어떻게 살 수 있느냐는 질문, 사실 살기 위해서가 아니라 육이 죽기 위해서라고 말해야 옳으리라. 쉽고 편하고 안일하고 재미있는 인생을 포기했기에 가능한 것이다. 원시인을 바라보는 듯한 사람들의 시선도 젊은 아들이 견뎌내야 하는 어려움이었지만 그보다 힘든 믿음의 시련은 세상을 손아귀에 장악한 컴퓨터와 인터넷을 벗어나서는 대학에서 공부도 할 수 없었고 사업이나 직업을 찾는 일도 쉽지 않았다. 이 표를 가진 자 외에는 매매를 못하게 되는, 오리라 하던 적그리스도의 시대의 서막이 오른 것을 우리는 피부로 느낄 수 있었다.

옛적에 예수님을 시인하면 유대교에서 출회 당했듯이 이제도 예수 믿음을 지키기 위해서는 세상에서 출회되어야만 한다.

"보라 그의 마음은 교만하며 그의 속에서 정직하지 못하니라 그러나 의인은 그 믿음으로 말미암아 살리라"(합 2:4)하심같이 의인은 마귀사단의 정권과 문화에서 따로 나와 오직 하나님을 믿음으로 살아야 하기 때문이다.

> 그러므로 주께서 말씀하시기를 너희는 저희 중에서 나와서 따로 있고 부정한 것을 만지지 말라 내가 너희를 영접하여 너희에게 아버지가 되고 너희는 내게 자녀가 되리라 전능하신 주의 말씀이니라 하셨느니라(고후 6:17, 18).

부자의 상에서 떨어지는 부스러기를 주워 먹었던 거지 나사로의 가난하고 외로운 삶이 이 시대를 역류하는 하나님의 백성이 살아가야하는 삶이기에 나는 오빌의 금을 강가에 던져 버렸다. 말씀을 순종한 내게 주 하나님은 나의 모든 삶 가운데서 모사가 되어 주셨고 이후에도 나의 영원한 보배가 되어주실 줄을 나는 의심치 않는다.

> 네가 만일 전능자에게로 돌아가고 또 네 장막에서 불의를 멀리 버리면 다시 흥하리라 네 보배를 진토에 버리고 오빌의 금을 강가의 돌에 버리라 그리하면 전능

자가 네 보배가 되시며 네게 귀한 은이 되시리니 이에 네가 전능자를 기뻐하여 하나님께로 얼굴을 들 것이라 너는 그에게 기도하겠고 그는 들으실 것이며 너의 서원한 것을 네가 갚으리라 네가 무엇을 경영하면 이루어 질 것이요 네 길에 빛이 비취리라(욥 22:23-28).

The Truth of the Gospel and
the End of New World Order

3 사람을 죽이는 의학

너희가 너희 하나님 나 여호와의 말을 청종하고
나의 보기에 의를 행하며
내 계명에 귀를 기울이며
내 모든 규례를 지키면
내가 애굽 사람에게 내린 모든 질병의 하나도
너희에게 내리지 아니하리니
나는 너희를 치료하는 여호와임이니라
(출 15:26).

◆ 의학은 물을 저축치 못하는 터진 웅덩이

> 화 있을찐저 피 성이여 그 속에는 궤휼과 강포가 가득하며 늑탈이 떠나지 아니하는도다 휙휙하는 채찍소리, 굉굉하는 병거 바퀴소리, 뛰는 말, 달리는 병거, 충돌하는 기병, 번쩍이는 칼, 번개 같은 창, 살육당한 떼, 큰 무더기 주검, 무수한 시체여 사람이 그 시체에 걸려 넘어지니 이는 마술의 주인 된 아리따운 기생이 음행을 많이 함을 인함이라 그가 그 음행으로 열국을 미혹하고 그 마술로 여러 족속을 미혹하였느니라(나 3:1-4).

죄의 도성 니느웨의 이러한 모습은 이 땅을 피로, 나라들을 죄악으로 건설하는 마귀사단의 세상을 반영하는 말씀이다.

그가 만든 세상의 모든 제도, 정치 경제 종교는 물론이거니와 마법으로 사람의 눈을 속여서 돈을 버는 마술사 같은 의학세계 역시 그 속에는 궤휼과 강포와 늑탈이 떠나지 않는 피 성이다.

치료하시는 하나님을 대신하여 선량한 얼굴로 인류에게 다가와 모든 병마에서 인간을 구해주겠다는 하나님의 대적자 의학, 그 입술은 평화를 말하지만 그 가슴속에는 사람을 죽이는 칼이 숨겨져있다. 때문에 그에게 고통당하는 자가 무수하며 죽은 자가 허다하다.

> 그들의 혀는 죽이는 살이라 거짓을 말하며 입술로는 그
> 이웃에게 평화를 말하나 중심에는 해를 도모하는도다
> 내가 이 일들을 인하여 그들에게 벌하지 아니하겠으며
> 내 마음이 이런 나라에 보수하지 않겠느냐 여호와의 말
> 이니라(렘 9:8-9).

의사들에 대한 불신은 17세기 초에 쓰여진 영국의 희극에서도 빈번히 찾아볼 수 있다. 셰익스피어의 『아테네의 티몬』에서 티몬은 "의사를 믿지 말라 의사들이 주는 항생제는 독약이고 사람을 죽인다"라고 말하고 있으며 토모스 데커의 『정직한 창녀』에서는 "의사에게 진찰을 받는 것보다 격투를 하는게 훨씬 더 안전하다"고 말하고 있다. 1820년대 프랑스에서 의학 교육을 받은 올리버 웬델 홈스는 의학 공부를 마치고 미국으로 돌아와 "대부분의 치료법들이 쓸데없는 것"이라고 말하여 미국의 많은 의사의 비난을 받았지만 오랜 세월이 지난 후에야 의사들은 병원치료가 환자에게 이로움을 주는 것보다 오히려 해를 입힌 부분이 많았음을 인정하게 되었고 비로소 그의 치료 허무주의는 뒤늦게 정당성을 찾게 되었다.[1]

의학 박사 로버트 S. 멘델존은 현대 의학에 대해 이렇게 고백했다. "대부분의 사람들은 첨단 의료란 멋진 것이고 그 기술을

---

[1] 데이비드 우튼, 『의학의 진실』, 윤미경 역 (서울: 마티, 2007).

가진 명의에게 치료받으면 건강해질 것이라고 믿는다. 그러나 그것은 대단한 착각이다. 현대 의학에서 행하는 치료는 효과가 없는 경우가 많다. 효과는커녕 치료 받은 뒤에 오히려 위험해 지는 경우가 종종 있다. 현대 의학을 구성하는 의사, 병원, 약, 의료 기구의 90%가 사라지면 현대인의 건강은 당장 좋아질 것이라고 나는 확신한다." [2] 하나님을 배제하고 만든 사람의 의술이 생수의 근원되시는 하나님을 떠난 인간이 스스로 살아가기 위하여 팠던 터진 웅덩이인 것을 증거하는 발언이라 하겠다.

> 너 하늘아 이 일을 인하여 놀랄찌어다 심히 떨찌어다 두려워할찌어다 여호와의 말이니라 내 백성이 두 가지 악을 행하였나니 곧 생수의 근원되는 나를 버린 것과 스스로 웅덩이를 판 것인데 그것은 물을 저축치 못할 터진 웅덩이니라(렘 2:12-13).

장터에서 약을 팔기 위해 마술을 보여주는 약장사 앞에 신기한 듯 턱을 들고 모여 앉은 어린 아이들과 같이 질병의 근원과 진정 온전케 하시는 의원을 모르고 당장 육체에 나타난 질병만을 일시적으로 고치기 원하는 어리석은 사람들에 의해서 발전해 온 의학은 또 하나의 사람들의 신앙이 되어 종교처럼 세상 중심

---

[2] 로버트 S. 멘델존, 『나는 현대의학을 믿지 않는다』, 남점순 역 (서울: 문예출판사, 2000).

에 자리 잡게 되었다. 때문에 많은 사람은 병원에서 태어나고 병원에서 생을 마감한다. 생명의 근원되시는 의원을 모른 채 스스로 생명을 지키기 위하여 인간이 만든 의술에 일생 몸을 맡기는 의학 신봉자들은 스스로 안위받기 위하여 분별없이 교회를 찾는 종교인들과 다름없는 맹신자들이라 하겠다. 까닭에 그들은 더 많고 심한 질병의 추격을 당해야만 한다.

> 주 여호와 이스라엘의 거룩하신 자가 말씀하시되 너희가 돌이켜 안연히 처하여야 구원을 얻을 것이요 잠잠하고 신뢰하여야 힘을 얻을 것이거늘 너희가 원치 아니하고 이르기를 아니라 우리가 말 타고 도망하리라 한고로 너희가 도망할 것이요 또 이르기를 우리가 **빠른 짐승을 타리라** 한고로 너희를 쫓는 자가 **빠르리니**(사 30:15, 16).

진실로 인간 세상에서 발생하는 온역, 질병의 재앙은 영생하시는 하나님의 정로를 떠나서 마귀가 주는 해로운 것을 집어 먹고 세상에 노출되어 사는 죄인들을 응징하시는 하나님의 징벌인 것이다. 그렇기 때문에 세상의 파다한 질병들은 세상의 관영하는 죄악들과 비례해왔고 사람들이 질병의 고통과 두려움에서 벗어날 수 없다.

그들은 정기적으로 병원을 찾아가 건강 검진을 받으며 의료보험, 암보험, 생명보험과 같은 힘 없는 갈대 지팡이에 자신의 몸을 의존한다. 이것은 치료하시는 하나님을 배반하는 행위로써 오히려 질병을 불러오는 요인이 된다. 병원이나 약국 출입이 잦은 사람들이 병을 달고 사는 이유가 여기에 있다.

> 네가 악을 행하여 그를 잊으므로 네 손으로 하는 모든 일에 여호와께서 저주와 공구와 견책을 내리사 망하여 속히 파멸케 하실 것이며 여호와께서 네 몸에 염병이 들게 하사 네가 들어가 얻을 땅에서 필경 너를 멸하실 것이며 여호와께서 폐병과 열병과 상한과 학질과 한재와 풍재와 썩는 재앙으로 너를 치시리니 이 재앙들이 너를 따라서 너를 진멸케 할 것이라(신 28:20-22).

질병이 하나님의 징계라면 치료 역시 하나님의 손에 있음은 두말할 나위 없는 진리이다. 때문에 사람이 질병 없는 건강한 삶을 원한다면 육체를 징계하시는 하나님 앞에 질병의 원인이 되는 죄를 용서받아야 한다. 첨단의 과학 시대를 살고 있는 현대인들에게 당치 않은 괴변일지 모르나 진정 하나님을 믿음으로 죄 용서받는 것이 영육 간에 강건한 삶을 사는 비결임을 나는 믿는 고로 말한다.

> 한 중풍병자를 사람들이 침상에 매고 와서 예수 앞에 들여놓고자 하였으나 무리 때문에 매고 들어갈 길을 얻

지 못한지라 지붕에 올라가 기와를 벗기고 병자를 침상 채 무리 가운데로 예수 앞에 달아 내리우니 예수께서 저희 믿음을 보시고 이르시되 이 사람아 네 죄 사함을 받았느니라 하시니 서기관과 바리새인들이 의논하여 가로되 이 참람한 말을 하는 자가 누구뇨 오직 하나님 외에는 누가 능히 죄를 사하겠느냐…그러나 인자가 땅에서 죄를 사하는 권세가 있는 줄을 너희로 알게 하리라 하시고 중풍병자에게 말씀하시되 내가 네게 이르노니 일어나 네 침상을 가지고 집으로 가라 하시매(눅 5:18-24).

자리에서 일어날 수 없었던 중풍병자가 그의 고질적 병에서 구원받은 기적은 치료하시는 예수님께 나오기 위하여 현실에 가로막힌 장애물을 넘은 그의 적극적인 믿음의 결과이며 그러한 믿음의 연고로 그는 예수님께 죄를 용서받게 되었다. 하나님께 죄를 용서받는 것은 모든 얽매이는 것에서 벗어나는 자유이다. 다윗도 자신의 건강 회복을 위하여 죄 용서받기를 하나님께 기도했다.

주는 나를 용서하사 내가 떠나 없어지기 전에 나의 건강을 회복시키소서(시 39:13).

◆ 치료하시는 여호와

이러한 하나님의 진리를 거스리는 의학은 손바닥 위에서 식물의 싹을 틔우는 마술사 유리겔라와 같이 일시적 효험이 있는 유독한 화학성 약물을 사용하거나 메스로 무자비하게 사람의 몸을 가르고 잘라 원인 없는 결과만을 유출해내려고 한다. 그러므로 의학은 사람의 고통을 일시 잠재우는 진통제 같은 역할을 할 뿐 사람의 근본적 건강이나 생명에 관여하지 못하는 빛 좋은 개살구에 불과하다.

어떤 사람들은 의학을 논하여 좋은 의학, 나쁜 의학으로 구분 짓기도 한다. 록펠러, 모건, 카네기와 같은 지배 엘리트들에 의해 지원 성장해온 의학 산업은 정치, 금융, 종교등과 함께 신세계 질서의 또 하나의 축이 되는 사단의 기관이다. 사악을 도모하는 그들의 철학에서 좋은 의학이 존재할 수 있을까. 벤 존슨의 『볼포네』에서는 의사들이 환자의 껍질을 벗긴 후에 죽임으로 그들의 치료가 질병보다 더 위험하다고 말한다.

나는 오래전에 약간의 경사진 길을 걸을 때면 남달리 숨이 차는 증세가 있어 1990년에 어느 종합병원을 찾은 적이 있었다. 담당의는 진찰도 하지 않은 채 바로 나를 검사실로 보내어 대소변, 혈액검사를 받게 했고 다시 내과로 보내어 고역스런 화학약물을 마시게 한 후 엑스레이를 찍게 했으며 또다시 산부인과를 보내어 불필요한 검사를 받게 했다. 검사 결과는 피가 부족하니

3. 사람을 죽이는 의학

수혈을 받으라는 것이었다. 이것이 나의 병원 출입의 마지막이 되었다.

신기술의 의료 기기들을 자랑이라도 하듯 이리저리 끌고 다니며 지치도록 많은 검사를 받게 하던 중 혹 암이라도 발견되면 의사는 병균이 득실거리는 병실에 곧 환자를 입원시키고 알지 못하는 많은 약의 처방과 화학성 약물을 주사한다. 몸 안에 암 세포를 죽이기 위한 종양 치료제는 매우 유독성이 강한 발암 물질이므로 건강한 세포도 죽이게 된다. 그러는 동안 암조기 환자는 중증환자로 증세가 악화되고 마침내 의사는 수술이나 방사선 치료와 같은 극단적 치료 방법으로 환자를 몰아간다. 의학계에서 마저 논란이 되고 있는 방사선 치료는 오히려 암을 유발하는 요인이 된다는 것이다. 이러한 방사선의 위험성과 극심한 고통의 치료는 환자를 더 빨리 사망의 늪으로 빠져들게 하지만 이 과정에서 병원은 많은 수익을 챙기게 된다.

> 열 두 해를 혈루증으로 앓는 한 여자가 있어 많은 의원에게 많은 괴로움을 받았고 있던 것도 다 허비하였으되 아무 효험이 없고 도리어 더 중하여졌던 차에 예수의 소문을 듣고 무리 가운데 섞여 뒤로 와서 그의 옷에 손을 대니 이는 내가 그의 옷에만 손을 대어도 구원을 얻으리라 함이러라 (막 5:25-28).

오랫동안 많은 의원에게 재물을 다 허비하며 괴로움을 당하면서도 병을 고치지 못했던 이 여인의 모습이 사람을 죽이는 의학에 이용당하고 있는 환자들을 대변하고 있다. 만성 혈루증에 시달리던 그녀를 질병의 고통에서 구원받게 한 것은 무능한 의학이 아니라 우리의 연약한 것과 병을 고치시기 위하여 이 땅에 오신 능력 있는 그리스도 예수님이었다.

> 저물매 사람들이 귀신들린 자들을 많이 데리고 예수께 오거늘 예수께서 말씀으로 귀신들을 쫓아내시고 병든 자를 다 고치시니 이는 선지자 이사야로 하신 말씀에 우리 연약한 것을 친히 담당하시고 병을 짊어지셨도다 함을 이루려 하심이더라(마 8:16, 17).

나는 치료하시는 하나님을 믿음으로 1991년부터 나와 가족의 건강을 오직 하나님께 의뢰하고 모든 의료 행위를 단절했다. 어린 손주들에게도 신생아부터 제도적으로 맞춰야 하는 예방접종도 맞히지 않았다. 그 당시 나는 대부분의 백신에는 뇌 성장 발달을 저해하며 신경계 질환을 유발하는 수은이 들어 있다는 사실을 몰랐지만 인위적인 면역 강화는 하나님이 주신 자연 면역성을 약화시켜 허약한 체질을 만든다는 믿음에서였다. 육체의 건강은 하나님께로부터 온다는 나의 믿음은 적중했다.

> 내 아들아 내 말에 주의하며 나의 이르는 것에 네 귀를 기울이라 그것을 네 눈에서 떠나게 말며 네 마음판에 지키라 그것은 얻는 자에게 생명이 되며 그 온 육체의 건강이 됨이니라(잠 4:20-22).

그 후 손주들은 간혹 계절성 감기 외에는 병을 모른 채 튼튼하게 자라나고 있고 나이 칠십을 바라보는 나 역시 의학을 끊어 버린 이십삼 년간 세상에 유행하는 질병이 하나도 없이 무병 건강하다. 이것은 건강한 육체는 치료하시는 하나님께로부터 온다는 진리를 증명하기에 충분하다.

> 가라사대 너희가 너희 하나님 나 여호와의 말을 청종하고 나의 보기에 의를 행하며 내 계명에 귀를 기울이며 내 모든 규례를 지키면 내가 애굽 사람에게 내린 모든 질병의 하나도 너희에게 내리지 아니하리니 나는 너희를 치료하는 여호와임이니라(출 15:26).

하나님을 믿노라 하면서 몸이 조금만 아프면 약국이나 병원을 찾는 신자들이 대부분이다. 사실 그들은 하나님을 믿는 것이 아니라 의사를 믿는 속이는 활 같은 신앙의 소유자들인 것이다. 유다 왕 아사는 이방 재단과 산당을 없이하고 주상을 훼파하며 아세라 상을 찍고 그 모친 마아가가 아세라의 가증한 우상을 만들었으므로 태후의 위를 폐했던 선왕이었다. 그렇게 하나님을 섬겼던 날 동안 아사 왕에게는 평안함이 있었으나 그가 하나님께 대한 믿음이 약해지면서 자기를 책망한 선견자를 옥에 가두고 또 하나님의 몇 백성을 학대했다. 그 까닭에 아사 왕의 발에 심한 병이 들게 되었고 그때 그는 자기의 하나님을 의뢰하지 아니하고 의원에게 병을 의뢰했으므로 결국 그 열조에게로 돌아가고 말았다.

> 아사가 왕이 된지 삼십 구년에 그 발이 병들어 심히 중하나 병이 있을 때에 저가 여호와께 구하지 아니하고 의원들에게 구하였더라 아사가 위에 있은지 사십일 년에 죽어 그 열조와 함께 자매(대하 16:12-13).

타락한 시대를 살고 있는 현대인들의 대부분은 한 가지 이상의 질병을 가지고 있다. 이 이유 중에 하나는 사람들의 먹거리가 급변하는 시대에 걸맞게 쉽고 빠른 패스트푸드로 변했기 때문이다. 단지 혀끝의 미각을 따라 단 음식을 좋아하는 사람들의 식욕에 부응하여 악한 세상은 건강과 상관없이 오히려 건강을 해치기 위하여 유해한 식품 첨가물을 넣은 나쁜 식품들을 공장에서 만들어 슈퍼마켓에 마구 쏟아내었다. 이러한 해로운 음식물, 독성물질을 내뿜는 매연, 불소 처리된 수돗물, 가만히 앉아서 스마트폰을 들여다보며 운동을 하지 않는 게으른 생활습관, 그러면서 기침만 해도 약국이나 병원을 찾는 자기 연민의 사람들은 하나님이 주신 건강을 지킬 수 없다.

하나님께로부터 받은 육체를 병마로부터 지키는 것은 영혼을 죄악으로부터 지키는 것과 같이 먼저 마음을 다스릴 줄 알아야 한다.

> 무릇 지킬만한 것보다 더욱 네 마음을 지키라 생명의 근원이 이에서 남이니라(잠 4:23).

전지전능하신 하나님으로부터 신묘막측하게 지음 받은 사람의 인체는 하나님이 주시는 신선한 음식, 물, 맑은 공기, 햇볕을 받으며 규칙적인 운동을 하고 진리대로 살 때 건강하도록 되어 있다. 어떤 사람들은 주의 계명을 지켜 사는 사람들에게 주시는 이러한 하나님의 은혜를 '인체 자가 치유 능력'이라고 부르며 대체의학이라는 변질된 것을 만들어 내었다. 이 역시 인간 스스로 치유를 도모하는 또 다른 의학인 것이다. 하나님은 어리석은 인간의 지혜를 멸시하신다.

> 스스로 지혜롭게 여기지 말찌어다 여호와를 경외하며 악을 떠날찌어다 이것이 네 몸에 양약이 되어 네 골수로 윤택하게 하리라(잠 3:7-8).

이런 저런 모양으로 하나님을 인정치 아니하고 스스로 웅덩이를 파는 세상에 무서운 온역의 극렬한 재앙이 임할 것이라고 성경은 예언한다.

지난 몇 십년간 이름도 생소한 신종 전염병들이 발생해서 세계를 두려움에 떨게 했다. 이러한 바이러스의 대부분은 자연적인 변이로 일어난 바이러스라기보다는 세 가지 이상의 유전인자가 결합한 형태라는 점에서 실험실에서 인위적으로 만들어 졌다는 의혹을 받고 있으며 이러한 의혹들이 사실이라는 증거들이 일부에서 드러나기도 했다. 알려진 많은 증거자료를 볼 때 의료계를 통해서 위협적인 바이러스와 신종 전염병들이 만들어지고 있다는 점 등, 의료 경험자들에 의해 파헤쳐진 의료계의 수많은 비리들은 경악을 금치 못하게 한다. 불의로 말미암아 세상에 임하는 이러한 재앙들은 여호와의 계명을 지켜 살지 아니한 패역한 시대에 내리시는 하나님의 심판인 것이다.

> 네가 만약 이 책에 기록한 이 율법의 모든 말씀을 지켜 행하지 아니하고 네 하나님 여호와라 하는 영화롭고 두려운 이름을 경외하지 아니하면 여호와께서 너의 재앙과 네 자손의 재앙을 극렬하게 하시리니 그 재앙이 크고 오래고 그 질병이 중하고 오랠 것이라 여호와께서 네가 두려워하던 애굽의 모든 질병을 네게로 가져다가 네 몸에 들어붓게 하실 것이며 또 이 율법책에 기록지

아니한 모든 질병과 모든 재앙을 너의 멸하기까지 여호와께서 네게 내리실 것이니 너희가 하늘의 별같이 많았을찌라도 네 하나님 여호와의 말씀을 순종치 아니하므로 남은 자가 얼마 되지 못할 것이라(신 28:58-62).

복음의 진실과 신세계 질서의 종말

제2부

적그리스도의 신세계 질서

The Truth of the Gospel and
the End of New World Order

1 피조물들만의 세상, 신세계 질서

이 네 나라 마지막 때에
패역 자들이 가득할 즈음에
한 왕이 일어나리니 그 얼굴을 장엄하며
궤휼에 능하며 그 권세가 강할 것이나
자기의 힘으로 말미암은 것이 아니며
그가 장차 비상하게 파괴를 행하고
자의로 행하여 형통하며
강한 자들과 거룩한 백성을 멸하리라
(단 8:23-24).

오리라던 종말이 정작 이른 것인가. 어려운 시대를 살고 있는 요즘, 사람들의 종말에 대한 관심도는 여느 때보다 높다. 그러나 등잔 밑이 어둡듯이 사람들은 포승 같은 멸망자의 손 안에서 눈을 멀리 두고 외부에서 일어나고 있는 경제위기, 사회혼란, 천재지변 등과 같은 외부에 나타나는 상황에만 촉각을 세우고 있다. 물론 근래에 빈번히 일어나고 있는 이러한 이상 징후들이 말세의 징조임에는 틀림이 없다. 그러나 성경은 보다 분명한 증거를 제시하고 있다.

오래전부터 활동하여 오던 불법의 비밀이 세상에 나타나 하나님의 자리에 앉아 자기를 하나님이라 하는 때가 되면 세상이 끝이 되며 이때 예수 그리스도께서 강림하셔서 그 불법한 자를 폐하시리라고 성경은 이미 이천 여 년 전에 종말의 증거를 예언하셨다.

누가 아무렇게 하여도 너희가 미혹하지 말라 먼저 배도하는 일이 있고 저 불법의 사람 곧 멸망의 아들이 나타나기 전에는 이르지 아니하리니 저는 대적하는 자라 범사에 일컫는 하나님이나 숭배함을 받는 자 위에 뛰어나 자존하여 하나님 성전에 앉아 자기를 보여 하나님이라 하느니라 내가 너희와 함께 있을 때에 이 일을 너희에게 말한 것을 기억하지 못하느냐 저로 하여금 저의 때에 나타나게 하려하여 막는 것을 지금도 너희가 아나니

불법의 비밀이 이미 활동하였으나 지금 막는 자가 있어
그 중에서 옮길 때 까지 하리라 그 때에 불법한 자가 나
타나리니 주 예수께서 그 입의 기운으로 저를 죽이시고
강림하여 나타나심으로 폐하시리라(살후 2:3-8).

1991년 당시 미국 대통령이었던 조지 H. 부시의 국정 연설을 통해 대중에게 알려지기 시작한 'New World Order', 즉 신세계 질서는 저 불법의 사람, 적그리스도를 하나님의 성전에 앉히는 마지막 시대의 법률이다.

미국 1달러 지폐 뒷면 왼편에는 피라미드 형상이 있다. 이 상징물의 꼭대기에는 빛을 발하는 전시안이 있고 하단에는 '노부스 오르도 세클로룸(NOVUS ORDO SECLORUM)'이라고 적혀있다. 'New World Order'라는 의미의 이 말은 라틴어에서 파생된 것으로써 '하나님의 간섭에서 벗어난다'는 뜻이다. 이 상징물이 예시하는바 하나의 눈이 삼각구도의 세계를 감시 통제할 신세계는 창조주 하나님을 배재한 그들이 지배자가 되는 피조물들만의 세상을 의미하는 것이다. 인류 역사의 끝, 예수 그리스도의 재림 전에 이루어져야 할 적그리스도 시대의 서막이 드디어 오른 것이다.

"우리는 금융위기와 고용과 예산에 대한 극적인 충격, 우리의 생활을 위협하고 있는 기후의 위기, 확신할 수 없는 염려의 기간과 같은 예외적으로 힘든 시기를 보내고 있다. 2009년은 금융위

기 가운데서 G20의 설립과 함께 세계 통치의 원년이다. 코펜하겐에서 있을 기후회의는 세계 경영을 향한 또 다른 발걸음이 될 것이다."

위는, 2009년 11월19일, EU(유럽연합) 초대 상임의장으로 당선된 헤르만 판 롬파위의 당선 연설문이다. 여기에 "2009년은…세계 통치 원년" 이라 발언한 내용으로 보아 적그리스도의 출현을 위한 '신세계 질서'는 그 엄장한 첫 걸음을 이미 내디뎠음을 알 수 있다. 실패한 민주주의의 정치, 붕괴하는 자본주의 경제, 무너지는 법질서, 그 분열과 위기, 혼란의 시기 속에서 새롭게 출범하는 또 다른 시대의 개막은 마지막 세상을 알리는 신호탄인 것이다.

성경은 대략 B.C 600년경에 기록된 다니엘서에서 여러 차례 이 마지막 시대를 예언하고 있다. 바벨론왕 느부갓네살이 위에 있은지 2년에 한 기이한 꿈을 꾸었다. 기억할 수 없는 그 꿈을 인하여 왕의 마음이 번민하여 온 나라의 박수와 술객과 점장이들을 불러 그 꿈과 해석을 고하기를 명했으나 그 꿈을 고할 자가 없었다. 이때 지혜와 총명이 있는 다니엘이 하나님의 감동으로 그 꿈과 해석을 왕께 고하였다.

> 다니엘이 왕 앞에 대답하여 가로되 왕의 물으신바 은밀한 것은 박사나 술객이나 박수나 점장이가 능히 왕께 보일 수 없으되 오직 은밀한 것을 나타내실 자는 하

늘에 계신 하나님이시라 그가 느부갓네살왕에게 후일에 될 일을 알게 하셨나이다…왕이여 왕이 한 큰 신상을 보셨나이다 그 신상이 왕의 앞에 섰는데 크고 광채가 특심하며 그 모양이 심히 두려우니 그 우상의 머리는 정금이요 가슴과 팔들은 은이요 배와 넓적다리는 놋이요 그 종아리는 철이요 그 발은 얼마는 철이요 얼마는 진흙이었나이다 또 왕이 보신즉 사람의 손으로 하지 아니하고 뜨인 돌이 신상의 철과 진흙의 발을 쳐서 부숴뜨리매 때에 철과 진흙과 놋과 은과 금이 다 부서져 여름 타작 마당의 겨같이 되어 바람에 불려 간 곳이 없었고 우상을 친 돌은 태산을 이루어 온 세계에 가득하였었나이다(단 2:27-35).

느부갓네살왕이 꿈에 본 광채가 득심한 큰 신상은 사단을 숭배하는 인류 역사를 금, 은, 놋, 철, 그리고 철과 진흙으로 구분화한 것으로써 그 시대의 세력과 특성을 의미한 것이다. 바벨탑을 쌓았던 니므롯 후손들에 의해 건립된 바벨론 대제국을 머리로 한 이 거대한 우상은 금, 은, 놋으로 그 세력이 점차 약화되어 가다가 마지막에 일어난 넷째는 특별한 나라로 뭇 나라를 뺏고 부서뜨릴 철의 나라라는 것, 이 철의 나라는 마지막에 나타날 진흙과 같은 시대에까지 그 세력을 행사하여 철과 진흙이 섞인 발가락 시대를 이룰 것이라는 예언이다.

이 마지막 시대에 하늘에 뜨인 돌이 철과 진흙이 섞인 우상의 발, 즉 마지막 시대를 쳐서 광채가 득심했던 거대한 신상의 전신을 가루로 만들고 영원한 하나님의 나라를 그 위에 세우실 인간 나라의 총체적인 하나님의 뜻을 정금 머리였던 느부갓네살의 꿈에 이상으로 보이신 것이다.

> 이 열왕의 때에 하늘의 하나님이 한 나라를 세우시리니 이것은 영원히 망하지도 아니할 것이요 그 국권이 다른 백성에게로 돌아가지도 아니할 것이요 도리어 이 모든 나라를 쳐서 멸하고 영원히 설 것이라 왕이 사람의 손으로 아니하고 산에서 뜨인 돌이 철과 놋과 진흙과 은과 금을 부서뜨린 것을 보신 것은 크신 하나님이 장래 일을 왕께 알게 하신 것이라 이 꿈이 참되고 이 해석이 확실하니이다(단 2:44, 45).

자기의 비밀을 그 종 선지자들에게 보이지 아니하시고는 결코 행하심이 없는 여호와께서 바벨론왕 벨사살 원년에 느부갓네살의 꿈에 보이신 이상과 비슷한 내용의 이상을 다니엘에게 다시 보이셨다. 다니엘이 뇌 속으로 받은 이상은 하늘의 네 바람이 큰 바다로 몰려 불더니 큰 짐승 넷이 바다에서 나왔는데 그 모양이 각각 달라 첫째는 사자와 같고 둘째는 곰과 같으며 셋째는 표범과 같으며 넷째는 이전 짐승들과 다른 모양을 한 특이한 짐승이었다. 다니엘은 뇌 속으로 받은 이상으로 번민하여 그 곁에 모신자 중 하나에게 나아가 넷째 짐승의 진상을 물으매 그가 그 이상에 대한 해석을 다니엘에게 알려주었다.

> 그 네 큰 짐승은 네 왕이라 세상에 일어날 것이로되 지극히 높으신 자의 성도들이 나라를 얻으리니 그 누림이 영원하고 영원하고 영원하리라 이에 내가 넷째 짐승의 진상을 알고자하였으니 곧 그것은 모든 짐승과 달라서 심히 무섭고 그 이는 철이요 그 발톱은 놋이며 먹고 부숴뜨리고 나머지는 발로 밟았으며 또 그것의 머리에는 열 뿔이 있고 그 외에 또 다른 뿔이 나오매 세 뿔이 그 앞에 빠졌으며 그 뿔에는 눈도 있고 큰 말하는 입도 있고 그 모양이 동류보다 강하여 보인지라 내가 본즉 이 뿔이 성도들로 더불어 싸워 이기었더니 옛적부터 항상 계신 자가 와서 지극히 높으신 자의 성도를 위하여 신원하셨고 때가 이르매 성도가 나라를 얻었더라(단 7:17-22).

열 뿔을 가진 넷째 짐승은 철과 진흙이 섞인, 즉 강대국과 약소국으로 형성되어 있는 발가락으로 예표한 현존하는 열국 시대를 가리키며 이 열 뿔 사이에서 나온 다른 한 뿔, 이 뿔은 다섯 번째 나라로 모든 나라와 백성들을 먹고 짓밟고 부서뜨리며 하늘의 군대에 미칠만한 세력을 행사할 마지막 나라, 단일 세계 정부를 계시한다.

> 그 중 한 뿔에서 또 작은 뿔 하나가 나서 남편과 동편과 또 영화로운 땅을 향하여 심히 커지더니 그것이 하늘 군대에 미칠 만큼 커져서 그 군대와 별 중에 몇을 땅에 떨어뜨리고 그것을 짓밟고 또 스스로 높아져서 하늘의 주재를 대적하며 그에게 매일 드리는 제사를 제하여 버렸고 그의 성소를 헐었으며 범죄함을 인하여 백성과 매일 드리는 제사가 그것에게 붙인바 되었고 그것이 또 진리를 땅에 던지며 자의로 행하여 형통하였더라 (단 8:9-12).

미국 41대 조지 H. 부시 대통령은 모든 나라 국민이 뭉쳐서 하나의 공동체인 다른 종류의 세계로 다가가는 것을 신세계로 정의하며 이것은 그들의 다섯 번째 목적을 드러내는 것이라고 절대군주 시대의 비전, 다섯 번째 목적을 공개한바 있다.

> (그것은) 한 작은 나라에만 국한 되는 것이 아니라 큰 이상, 곧 신세계는 다른 종족의 모든 나라 국민이 뭉쳐서 하나의 공동체인 다른 종류의 세계로 다가가는 것입니다. 그곳엔 평화와 보안과 자유와 법질서가 있습니다. 이러한 혼란시대에 우리는 다섯 번째 목적을 드러낼 수

있습니다. 이제 우리는 새로운 세계가 다가오는 것을 볼 수 있습니다. 참으로 전망이 있는 새로운 질서의 세계가 있습니다.

-1991년 9월 1일 미국 방송 CPan TV-

혼란 시대 가운데서 그들이 이룩할 다섯 번째 목적은 넷째 짐승, 그 열 뿔 사이에서 다섯 번째로 나온 다른 한 뿔, 세계 정부 수립인 것이다. 그들의 목적하는바 새로운 시대는 EU를 기점으로 하여 태동된 것처럼 보이나 실상 신세계 질서는 근대에 와서 생성된 새로운 시대가 아니다. 태초에 하나님의 말씀을 불순종하여 에덴동산에서 쫓겨난 인간들이 스스로 하늘에 오르기 위하여 시날 평지에 바벨탑을 쌓았던 고대로부터 시작된 사단의 음모이다. 그러므로 신세계 질서가 지향하는 목표는 바벨론 종교를 부활시키는 것이다.

> 이에 그들이 동방으로 옮기다가 시날 평지를 만나 거기 거하고 서로 말하되 자 벽돌을 만들어 견고히 굽자하고 이에 벽돌로 돌을 대신하며 역청으로 진흙을 대신하고 또 말하되 자, 성과 대를 쌓아 대 꼭대기를 하늘에 닿게 하여 우리 이름을 내고 온 지면에 흩어짐을 면하자 하였더니(창 11:2-4).

자기들의 이름을 위하여 하나로 뭉쳐서 대 꼭대기를 하늘에 닿게 하려고 바벨탑을 쌓았던 교만한 그들의 정신이 모든 종족이 하나 되어 다른 종류의 세계 곧 지극히 높으신 하나님에게까지 오르려는 신세계 질서의 근본 신조이다.

"겉으로 보기에는 자연스러운, 하지만 의도적인 문제를 일으키고 혼란과 공포를 조성한 다음 제안을 제시하면 원하는 대로 국가를 이끌 수 있다. 공포와 혼란으로 인해 장님이 된 국민들은 자기들의 권리를 스스로 기꺼이 상납하게 된다. 어떻게 아느냐고? 내가 이렇게 했기 때문이다. 그리고 내가 시저이기 때문이다"라고 말한 쥴리어스 시저의 정치 철학을 계승한 지배 엘리트들은 경제 붕괴, 범죄와 테러, 식량 위기, 신종플루, 기후 무기 하프, 등을 동원하여 기존 세상을 파괴하고 적그리스도가 통치할 다른 종류의 세계를 목적하고 있다.

그러나 그들의 악한 목적은 사람의 손으로 말미암지 않고 하늘의 뜨인 돌, 예수 그리스도에 의해 산산이 부서질 것을 성경은 예언하고 있다.

> 이 네 나라 마지막 때에 패역 자들이 가득할 즈음에 한 왕이 일어나리니 그 얼굴을 장엄하며 궤휼에 능하며 그 권세가 강할 것이나 자기의 힘으로 말미암은 것이 아니며 그가 장차 비상하게 파괴를 행하고 자의로 행하여 형통하며 강한 자들과 거룩한 백성을 멸하리라…또 스

스로 서서 만왕의 왕을 대적할 것이나 그가 사람의 손을 말미암지 않고 깨어지리라(단 8:23-25).

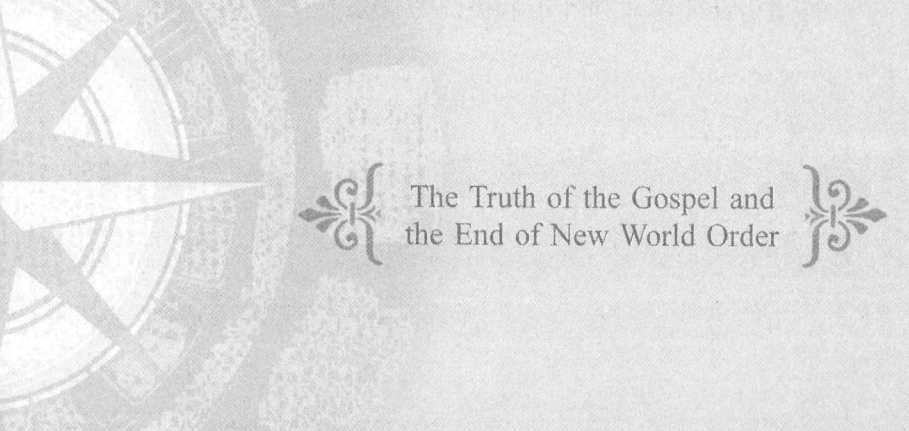

The Truth of the Gospel and
the End of New World Order

2 적그리스도의 인, 베리칩

저가 모든 자 곧 작은 자나 큰 자나
부자나 빈궁한 자나 자유한 자나 종들로
그 오른손에나 이마에 표를 받게 하고
누구든지 이 표를 가진 자 외에는
매매를 못하게 하니
이 표는 곧 짐승의 이름이나 그 이름의 수라
지혜가 여기 있으니
총명 있는 자는 그 짐승의 수를 세어 보라
그 수는 사람의 수니 육백 육십 륙이니라
(계 13:15-18).

◆ 불순종의 아들들 가운데 역사하는 영

우리는 하나님께 속하였고 온 세상은 악한 자 안에 처한 것이며(요일 5:19).

사람이 악한 자 안에 처하게 된 것은 첫 사람 아담과 하와가 "먹지 말라"하신 하나님의 말씀을 듣지 아니하고 간교한 뱀(마귀)의 말을 듣고 '선악을 알게 하는 나무의 실과'를 따 먹은 태초부터였다. 이는 자신을 종으로 드려 누구에게 순종하든지 그 순종함을 받는 자의 종이 되는(롬 6:16) 변치 못할 진리로 말미암은 것이다. 이렇듯 사람은 하나님 혹은 마귀에게든 속하게 되고 그들을 소유한 주는 이제 그의 것이 된 종들에게 자기 이름의 표로 인을 치게 된다.

옛적 노예제도가 있었던 율법 시대에 이스라엘 백성이 히브리 종을 사면 그 종은 육 년을 주인을 섬기다가 제 칠 년에는 값없이 놓이는 제도가 있었는데 이 때 종이 영구히 그 상전의 종이 되기를 원하면 주인은 그 종을 문이나 문설주 앞으로 데리고 가서 그것에다 송곳으로 그의 귀를 뚫어 주인의 노예 된 표를 그 몸에 두었던 법이 있었다(출 21:5-6).

구약 시대의 이러한 율법은 사람이 누구에게든 종이 되면 그 몸에 인을 치게 되는 영적 제도를 계시하는 것이다.

육체를 가진 사람은 보이지 않는 영의 운동을 감지 할 수 없으나 하나님께 속한 사람은 그 심령 속에 거하시는 성령이, 마귀에게 속한 사람은 그 정신 안에 들어있는 악한 영에 의해서 생을 영위하게 된다. 큰 자동차를 움직이는 것은 본네트 안에 있는 엔진이며 스마트폰을 작동하는 것은 그 속에 내장되어 있는 마이크로칩인 것 같이 사람의 마음과 생각을 움직이는 것은 정신 안에 내재해 있는 영이다.

> 그때에 너희가 그 가운데서 행하여 이 세상 풍속을 좇고 공중의 권세 잡은 자를 따랐으니 곧 지금 불순종의 아들들 가운데서 역사하는 영이라 전에는 우리도 다 그 가운데서 우리 육체의 욕심을 따라 지내며 육체와 마음이 원하는 것을 하여 다른 이들과 같이 본질상 진노의 자녀이었더니(엡 2:2-3).

옛적부터 불순종의 아들들 가운데 역사했던 영은 지금도 사람들 속에 들어가 마음과 육체의 욕심을 따라 살도록 미혹하여 멸망의 길로 인도하고 있다. 이렇게 인간 세상 내면에서 악한 영으로 활동해오던 마귀사단은 그리스도께서 성육신하여 메시아로 이 땅에 오신 말세에 그도 육신을 입고 이 땅의 메시아, 적그리스도로 세상에 출현하기 위해 오랫동안 불법의 비밀을 준비해왔다. 그 기반을 구축하는 것이 신세계 질서이다.

때문에 그것은 적그리스도의 나라 신세계 수립을 위한 그들의 복음인 것이다. 그들은 신세계 질서가 이상적인 세상을 만드는 인류의 복음인양 선전하지만 그들의 음모는 악에 뿌리를 두고 해를 도모하는 것으로 그 마지막은 사망이요 예수 그리스도의 복음은 의에 주초를 두고 거룩한 열매를 맺게 하는 것으로 그 마지막은 영생이다. 여호와 하나님을 상징하는 생명나무와 마귀사단을 상징하는 선악을 알게 하는 나무가 그 모양이 유사한 것 같이 예수 그리스도의 복음과 적그리스도의 신세계 질서도 겉으로 얼핏 보기엔 비슷한 듯 하지만 그 끝은 판이한 영생과 사망이다.

> 너희 육신이 약하므로 내가 사람의 예대로 말하노니 전에 너희가 너희 지체를 부정과 불법에 드려 불법에 이른 것 같이 이제는 너희 지체를 의에게 종으로 드려 거룩함에 이르라 너희가 죄의 종이 되었을 때에는 의에 대하여 자유 하였느니라 너희가 그 때에 무슨 열매를 얻었느뇨 이제는 너희가 그 일을 부끄러워하나니 이는 그 마지막이 사망임이니라 그러나 이제는 너희가 죄에 대해서 해방되고 하나님께 종이 되어 거룩함에 이르는 열매를 얻었으니 이 마지막은 영생이라 죄의 삯은 사망이요 하나님의 은사는 그리스도 예수 우리 주 안에 있는 영생이니라(롬 6:19-23).

마귀사단은 육체를 입은 적그리스도로 세상에 출현함으로써 이미 예수 그리스도의 복음으로 말미암아 머리가 깨어진 그 죽게 된 상처를 회복하고 그 이적으로 인류의 우상이 되어 만민의 경배를 받을 준비를 갖추고 있다. 그 작업은 악한 영으로 지배해 온 사람들의 육체에 그의 이름인 짐승의 표 666을 쳐서 모든 사람을 온전히 그의 것으로 만드는 일이다. 반드시 속히 될 일을 기록한 예언의 책, 요한계시록을 통하여 마귀의 계책을 살펴보자.

내가 보니 바다에서 한 짐승이 나오는데 뿔이 열이요 머리가 일곱이라 그 뿔에는 열 면류관이 있고 그 머리들에는 참람한 이름들이 있더라 내가 본 짐승은 표범과 비슷하고 그 발은 곰의 발 같고 그 입은 사자의 입 같은데 용이 자기의 능력과 보좌와 큰 권세를 그에게 주었더라 그의 머리 하나가 상하여 죽게된것 같더니 그 죽게 되었던 상처가 나으매 온 땅이 이상히 여겨 짐승을 따르고 용이 짐승에게 권세를 주므로 용에게 경배하며 짐승에게 경배하여 가로되 누가 이 짐승과 같으뇨 누가 능히 이로 더불어 싸우리요 하더라 또 짐승이 큰 말과 참람된 말하는 입을 받고 또 마흔 두달 일할 권세를 받으니라(계 13:1-5).

요한이 본 짐승에 대한 계시는 그보다 대략 칠백 여 년 전에 다니엘이 뇌 속으로 받은 이상과 비슷한 내용이지만 적그리스도의 출현이 가까운 시대에 살고 있었던 요한에게 하나님은 적그리스도의 행사를 좀 더 구체적으로 이상 중에 보이셨다. 요한계시록 13장을 여는 마스터키는 이 장에서만 19회나 언급되어 있는 '짐승'에 있다. 짐승이란 영혼이 없이 잡혀 죽기 위하여 태어난 네 발 가진 동물을 가리키는 이름으로 성경은 세상 나라를 다스리는 마귀의 사자들을 표범, 곰, 사자 등의 짐승으로 묘사하셨다.

> 그 네 짐승은 네 왕이라 세상에 일어날 것이로되(단 7:17).

하나님께서 그의 권세를 예수 그리스도에게 주심같이 "용(마귀)이 짐승(적그리스도)에게 권세를 주므로" 그가 세상에 먼저 나온 이전 짐승들의 모든 권세를 행하여 사람들로 광채가 득심한 큰 바벨론의 신상에게 경배하게 하며 심지어 불이 하늘에서 땅에 내려오는 큰 이적을 행하여 땅의 모든 거민을 자기에게 굴복시키려 하고 있다.

> 내가 보매 또 다른 짐승이 땅에서 올라오니 새끼 양같이 두 뿔이 있고 용처럼 말하더라 저가 먼저 나온 짐승의 모든 권세를 그 앞에서 행하고 땅과 땅에 거하는 자

들로 처음 짐승에게 경배하게 하니 곧 죽게 되었던 상
처가 나은 자니라 큰 이적을 행하되 심지어 사람들 앞
에서 불이 하늘로부터 땅에 내려오게 하고 짐승 앞에서
받은바 이적을 행하므로 땅에 거하는 자들을 미혹하며
땅에 거하는 자들에게 이르기를 칼에 상하였다가 살아
난 짐승을 위하여 우상을 만들라 하더라(계 13:11-14).

요한이 본 새끼 양 같이 두 뿔이 있고 용처럼 말하는 짐승은 순한 양 같은 모습을 하고 있지만 용처럼 막강한 권세를 행사할 적그리스도를 계시한다.

그의 권세로 불이 하늘로부터 땅에 내려오게 하는 큰 이적을 우리는 이미 목도하는 마지막 시대의 끝자락에 살고 있다. 고주파 에너지를 지구의 전리층에 발사하여 여기서 방출하는 엄청난 양의 전자파가 지표면과 충돌하여 기상 이변을 일으키는 기후 무기 하프가 그것이다. 그들은 그것으로 하나님의 권한인 자연의 법칙을 변개하기도 하고 지진, 쓰나미, 태풍과 같은 재난을 일으켜 조직 폭력배들과 같이 자기들의 이권에 따라 나라들을 위협하며 파괴하고 있다.

옛적에 하나님께서 이스라엘을 애굽에서 구원하시기 위해 애굽에 재앙을 내리실 때에 애굽의 술객들과 박사들도 모세를 흉내 내어 자기 술법대로 지팡이가 뱀이 되게 하며 하수가 피로 변하게도 하고 개구리로 애굽 땅에 덮히게 하여 애굽의 재앙을 가증시켰듯이 그들은 첨단과학으로써(하나님의 진노로 세상을 심판하시는) 자연 재해를 이용해 세상의 재앙을 가속화하며 하나님의 능력을 약화시켜 그 이름을 훼방하고 있다.

그러나 이렇게 하나님을 대적하고 지극히 높으신 자의 성도를 괴롭게 할 그의 권세는 매우 짧아 마흔두 달에 불과하다. 이는 대략 삼 년 육 개월의 기간으로 다니엘서에서는 한 때, 두 때, 반 때라고 계시하고 있다.

> 그가 장차 말로 지극히 높으신 자를 대적하며 또 지극히 높으신 자의 성도를 괴롭게 할 것이며 그가 또 때와 법을 변개코자 할 것이며 성도는 그의 손에 붙인바 되어 한 때와 두 때와 반 때를 지내리라 그러나 심판이 시작된 즉 그는 권세를 빼앗기고 끝까지 멸망할 것이요 나라와 권세와 온 천하 열국의 위세가 지극히 높으신 자의 성민에게 붙인바 되리니 그의 나라는 영원한 나라이라 모든 권세 있는 자가 다 그를 섬겨 복종하리라(단 7:25-27).

◆ **총명 있는 자는 그 짐승의 수를 세어보라.**

이 짧은 기간 동안 그가 이적을 행하며 경제 붕괴, 전쟁과 테러, 자연 재해 등으로 세상에 위기와 공포와 혼란을 조성하는 것은 적그리스도 이름의 짐승의 표 666을 세계 모든 거민에게 인을 치기 위한 목적이다. 이 일을 위하여 지배 엘리트들은 과학을 총결집하여 이 제도적 시스템을 오랫동안 연구 개발해 왔다. 21세기에 들어와서 비로소 여러 나라에 보급 시행하고 있는 체내에 이식하는 생체칩이 그것이다. 그들은 개인 고유 번호 16자리를 입력할 수 있는 초소형 마이크로 칩을 사람의 체내에 삽입하여 개개인을 감시 통제할 제도를 순차적으로 법령화할 준비를 갖추고 있다.

주민번호, 호적, 가족관계, 경력, 지문, 운전면허증, 질병 내역, 자산 내역, 은행 구좌 등 개인의 모든 정보 자료는 베리칩 안에 장착되어 있는 RFID 칩을 통하여 벨기에의 EU본부에 있는 'Beast'(짐승)란 이름의 슈퍼컴퓨터에 저장 되어 일괄 관리하게 된다.

> 또 짐승이 큰 말과 참람된 말하는 입을 받고(계 13:5).

짐승이라 불리는 이 슈퍼컴퓨터가 세상의 모든 정보 자료를 장악하고 사람들을 감시 통제하며 세상의 여론을 조성하고 유도할 적그리스도의 눈과 입이 될 것을 계시한 것이다.

> 또 그것의 머리에는 열 뿔이 있고 그 외에 또 다른 뿔이
> 나오매 세 뿔이 그 앞에 빠졌으며 그 뿔에는 눈도 있고

> 큰 말하는 입도 있고 그 모양이 동류보다 강하여 보인
> 지라(단 7:20).

이러한 생체칩이 짐승의 표 666이냐 단순한 경제 수단 내지 의료 수단이냐 하는 논란이 세간에 분분한 가운데 이를 저항하는 많은 분노의 목소리와 책들이 다투어 시중에 나오고 있다. 그러나 성령으로 말미암아 성경 전체에 나타나신 하나님의 뜻을 모르고 드러난 증거 자료들이나 성경의 부분적인 말씀만을 인용하여 이 시대를 운운하고 쟁론하는 것은 소리 나는 꽹과리에 불과하다.

> 저가 권세를 받아 그 짐승의 우상에게 생기를 주어 그 짐승의 우상으로 말하게 하고 또 짐승의 우상에게 경배하지 아니하는 자는 몇이든지 다 죽이게 하더라 저가 모든 자 곧 작은 자나 큰 자나 부자나 빈궁한 자나 자유한 자나 종들로 그 오른손에나 이마에 표를 받게 하고 누구든지 이 표를 가진 자 외에는 매매를 못하게 하니 이 표는 곧 짐승의 이름이나 그 이름의 수라 지혜가 여기 있으니 총명 있는 자는 그 짐승의 수를 세어보라 그 수는 사람의 수니 육백육십륙이니라(계 13:15-18).

총명 있는 자는 그 짐승의 수를 세어보아야 한다. 짐승의 이

름과 그 이름의 수 그리고 사람의 수인 육, 육, 육은 짐승을 계시하는 숫자 666이다. 이 수를 모든 자 곧 작은 자나 큰 자나 부자나 빈궁한 자나 자유한 자나 종들로 그 오른손에나 이마에 받게 한다 함은 창세 이후로부터 악의 영으로 이미 육의 인을 맞고 짐승의 우상에게 경배한 모든 사람들을 짐승, 곧 적그리스도의 것으로 육체에 인을 친다 함이다.

> 또 권세를 받아 성도들과 싸워 이기게 되고 각 족속과 백성과 방언과 나라를 다스리는 권세를 받으니 죽임을 당한 어린양의 생명책에 창세 이후로 녹명되지 못하고 이 땅에 사는 자들은 다 짐승에게 경배하리라 누구든지 귀가 있거든 들을 찌어다 사로잡은 자는 사로잡힐 것이요 칼로 죽이는 자는 자기도 마땅히 칼에 죽으리니 성도들의 인내와 믿음이 여기 있느니라(계 13:7-10).

모든 사람을 사로잡아 짐승에게 경배하게 하여 마침내 그 몸에 인으로 치게 될 짐승의 표, 옛적에 뱀으로 나타났던 마귀사단이 그것을 먹는 날에는 하나님처럼 되리라고 유혹했던 먹음직하고 보암직한 실과처럼 그것은 도난 분실의 위험 없는 편리한 경제수단으로, 응급 상황에 대처 할 수 있는 의료수단으로, 테러와 범죄, 유괴 등을 예방하는 보안용으로 사회 속으로 다가오고 있다. 간교하게 긍정의 칩(Positive ID)으로 이름을 바꾼 이 생체칩은

머지않아 적그리스도가 통치하게 될 세계 정부의 신분증으로 사용될 것이다. 때문에 이것을 거부하는 자, 즉 적그리스도에게 굴복하지 아니하는 자는 범법자로 몰려 사회 모든 활동에 제재를 받게 되고 어떠한 매매도 할 수 없을 뿐 아니라 죽임도 당하게 될 것이다.

이 시대적 상황을 점차 피부로 느껴가는 일부 사람들은 체내에 이식하는 생체 칩을 결코 받지 않으리라 다짐하지만 세상의 모든 제도 아래서 우상이 이끄는 대로, 마음과 육체가 원하는 대로 살아온 사람들은 이미 심령으로 육의 인을 받았으므로 자의로든 타의로든 이 법을 수용할 수밖에 없게 될 것이다.

> 형제들아 신령한 것에 대하여는 내가 너희의 알지 못하기를 원치 아니하노니 너희도 알거니와 너희가 이방인으로 있을 때에 말 못하는 우상에게로 끄는 그대로 끌려갔느니라(고전 12:1, 2).

육신이 살기 위하여 세상과 타협하여 짐승의 표를 받고 적그리스도의 것이 된 사람은 예수 그리스도의 날에 하나님의 진노의 진한 포도주 잔을 마셔야 한다. 그들은 적그리스도의 땅에서 밤낮 쉼을 얻지 못할 뿐 아니라 종래에는 불과 유황으로 세세토록 고난당할 것을 하나님께서 요한에게 이상으로 보이셨다.

또 다른 천사 곧 셋째가 그 뒤를 따라 큰 음성으로 가로
되 만일 누구든지 그 짐승과 그의 우상에게 경배하고
이마에나 손에 표를 받으면 그도 하나님의 진노의 포도
주를 마시리니 그 진노의 잔에 섞인 것이 없이 부은 포
도주라 거룩한 천사들 앞과 어린양 앞에서 불과 유황으
로 고난을 받으리니 그 고난의 연기가 세세토록 올라가
리로다 짐승과 그의 우상에게 경배하고 그 이름의 표를
받는 자는 누구든지 밤낮 쉼을 얻지 못하리라 하더라
성도들의 인내가 여기 있나니 저희는 하나님의 계명과
예수 믿음을 지키는 자니라(계 14:9-12).

"너희는 떠날찌어다 떠날찌어다 거기서 나오고 부정한 것을
만지지 말찌어다 그 가운데서 나올찌어다"(사 52:11) 하신 하나님
의 말씀대로 이제라도 세상에서 나와서 몸과 마음이 진정으로
하나님께 귀순하는 것, 그것이 적그리스도의 인, 베리칩을 피할
수 있는 유일한 길이다.

고니가 물에서 살지만 물 위로 헤엄쳐 다니듯 세상에서 살면
서도 적그리스도의 제도나 사회에서 따로 나와서 육체의 고난을
먼저 받은 그리스도 예수의 사람들은 짐승의 우상에게 경배하지
아니한 이긴 자이다. 이렇게 짐승의 수 '육'을 이긴 성도들은 둘
째 사망의 권세를 벗어나 천년왕국의 제사장으로 그리스도와 함
께 왕 노릇 할 것을 또한 하나님은 요한에게 계시로 보이셨다.

또 내가 보좌들을 보니 거기 앉은 자들이 있어 심판하는 권세를 받았더라 또 내가 보니 예수의 증거와 하나님의 말씀을 인하여 목 베임을 받은 자의 영혼들과 또 짐승과 그의 우상에게 경배하지도 아니하고 이마와 손에 그의 표를 받지도 아니한 자들이 살아서 그리스도로 더불어 천년동안 왕 노릇하니(그 나머지 죽은 자들은 그 천년이 차기까지 살지 못하더라) 이는 첫째 부활이라 이 첫째 부활에 참예하는 자들은 복이 있고 거룩하도다 둘째 사망이 그들을 다스리는 권세가 없고 도리어 그들이 하나님과 그리스도의 제사장이 되어 천년동안 그리스도로 더불어 왕 노릇하리라(계 20:4-6).

3 믿음의 사상과 뉴에이지

여호와께서 열방의 도모를 폐하시며
민족들의 사상을 무효케 하시도다
여호와의 도모는 영영히 서고
그 심사는 대대에 이르리로다
여호와로 자기 하나님을 삼은 나라
곧 하나님의 기업으로 빼신바 된 백성은 복이 있도다
(시 33:10-12).

1976년 내가 믿음 생활을 시작할 초기, 남편의 거센 핍박이 한풀 꺾이자 바톤을 이어받은 시어머니의 핍박이 폭풍처럼 몰아쳐왔다. 이때 시어머니는 모진 핍박 앞에서도 조금도 굴하지 않는 나를 가리켜 '공산당보다 더 무서운 년'이라며 나의 믿음을 사상에 견주어 욕을 했다. 그렇다 믿음은 사상이다.

사상이라고 하면 얼핏 정치색을 띤 이념이나 체제 같은 것으로 생각하기 쉽지만 그 어떤 사상보다 강한 양대 극인 두 사상이 인간 세계 내면에 존재한다. 하나님의 영과 마귀의 영이 그것이다. 진리로 영을 주관하는 성령과 악으로 육체를 주관하는 악한 영을 육체를 가진 사람들은 감지하기 어려우나 인간 세계는 이들 신에 의해서 운영되어 왔고 지금도 경영되고 있다. 대적하는 이 두 영은 하나님이 천지를 창조하신 이전부터 대립해왔으나 말세에 나타난 여자의 후손인 그리스도 예수로 말미암아 뱀의 후손인 마귀사단의 전격 패배는 만군의 여호와 하나님에 의해서 태초부터 예정된 것이었다.

> 내가 너로 여자와 원수가 되게 하고 너의 후손도 여자의 후손과 원수가 되게 하리니 여자의 후손은 네 머리를 상하게 할 것이요 너는 그의 발꿈치를 상하게 할 것이니라 하시고(창 3:15).

이천 여 년 전에 여호와 하나님께서 세상을 구원하시려고 그리스도 예수를 이 땅에 보내사 그에게 세상 죄를 담당시켜 죽게 하셨고 삼일 만에 부활시키심으로 사망의 세력을 가진 자, 마귀 사단의 머리를 깨신 것이다. 그럼에도 불구하고 악랄한 사단은 일시 허락된 그의 세기동안 하나님의 나라를 무너뜨리고 자신의 나라를 건설하기 위하여 그리스도와 그의 성도들의 발꿈치를 부단히 물어뜯으며 제기할 기회를 노려왔다.

> 이제 내가 너희에게 말하노니 이 사람들을 상관 말고 버려두라 이 사상과 이 소행이 사람에게로서 났으면 무너질 것이요 만일 하나님께로서 났으면 너희가 저희를 무너뜨릴 수 없겠고 도리어 하나님을 대적하는 자가 될까 하노라(행 5:38-39).

대제사장들과 사두개인 당파가 공회를 소집하고 백성들에게 하나님의 도(사상)를 전하는 베드로와 사도들을 없이 하고자 공론할 때에 교법사 가말리엘이 공회 중에서 일어나 그들의 불의한 행사를 저지하는 내용이다. 그들이 사도들을 죽이고자하는 이유는 사도들이 가지고 있는 하나님의 사상에 대한 저항이었다.

> 이에 우리가 너의 사상이 어떠한가 듣고자 하노니 이 파에 대해서는 어디서든지 반대를 받는 줄 우리가 앎이라 하더라(행 28:22).

이렇듯 영의 사상은 육의 사상을 가진 세상에서는 언제나 이단시 여김을 받아왔을 뿐 아니라 자고로 세상의 군왕들과 관원들은 영의 사상을 가진 하나님의 사람들의 피를 무수히 흘려왔다.

"우리가 보니 이 사람은 염병이라 천하에 퍼진 유대인을 소요케 하는 자요 나사렛 이단의 괴수라"(행 24:5)하며 유대인들은 그들을 구원하기 위하여 세상에 오신 그리스도 예수를 정죄하여 십자가에 달아 처형시켰다. 그러나 여호와 하나님이 그의 능력으로 그리스도 예수를 무덤에서 일으키시어 영세의 왕으로 시온에 세우셨다.

> 어찌하여 열방이 분노하며 민족들이 허사를 경영 하는고 세상의 군왕들이 나서며 관원들이 서로 꾀하여 여호와와 그 기름 받은 자를 대적하며 우리가 그 맨 것을 끊고 그 결박을 벗어버리자 하도다 하늘에 계신 자가 웃으심이여 주께서 저희를 비웃으시리로다 그때에 분을 발하며 진노하사 저희를 놀래어 이르시기를 내가 나의 왕을 내 거룩한 산 시온에 세웠다 하시리로다(시 2:1-6).

하나님의 권능의 손으로 죽은 자 가운데서 일으키시어 영구히 만민의 왕을 삼으신 그리스도 예수를 시기하여 하나님의 나라를 짓밟고 그들의 나라를 세우려는 마귀사단의 사상은 변천하는 시대에 따라 그 모양을 달리하며 세상을 지배해왔다. 신본주의를 배격하는 인본주의, 낙관적 세속주의, 범신론적 다원주의, 적그리스도를 추대하는 세계주의 등을 이념으로 하는 뉴에이지 사상이 그것이다.

뉴에이지는 예술, 문학, 심리학, 교육, 의학, 종교, 정치 등 막강한 조직과 체계를 갖춘 세력으로 사회 전반에 침투하여 적그리스도의 시대를 열어가는 마귀의 정신이다. 뉴에이저들이 공개한 열한 가지 그들의 이념을 살펴보면 뉴에이지 사상이 지닌 목적을 알 수 있다.

1. 이 계획의 주된 목표는 하나의 세계를 건설하기 위해 단일 세계 종교와 단일 세계 정부를 세우는 일이다.

2. 이 운동은 비밀스런 의식, 마법, 신비주의, 바벨론 종교를 부활시킬 것이다.

3. 이 계획은 뉴에이지 메시아, 즉 666이라는 숫자를 지닌 적그리스도가 육신으로 와서 통합된 뉴에이지 종교를 이끌고 신세계 질서를 이룩하게 될 때 완성될 것으로 믿는다.

4. 영적 안내자들은 인간이 뉴에이지를 시작할 수 있도록

도와줌으로써 적그리스도가 세계적인 대 스승으로 인류에게 존경을 받는 길을 예비하게 될 것이다.

5. 이 운동의 표어는 사랑, 평화, 단결이다.

6. 이 운동에 대한 교육은 전 세계의 모든 사회 계층까지 전파되고 진행될 것이다. 특히 모든 학교에서 뉴에이지 교리를 주입시키고 교실은 뉴에이지 교육장으로 사용될 것이다.

7. 모든 인류에게 '인간 자신이 신령한 신' 이라고 믿도록 교육한다.

8. 과학과 뉴에이지 세계 종교는 하나다.

9. 이 운동의 지도자들과 신봉자들은 예수는 신도 아니고 그리스도도 아님과 기독교의 교리는 배척해야 함을 전해야 한다.

10. 기독교를 포함한 모든 종교들은 뉴에이지 세계 종교에 종속되어야 한다.

11. 이 계획을 거부하는 자들은 제거되어야 한다. 특히 반대하는 크리스천들은 모두 몰살시켜서라도 세계를 정화시킬 것이다.[3]

새로운 시대를 의미하는 뉴에이지는 사실 근대에 나타난 신개념이 아니라 고대로부터 하나님을 대적하기 위하여 만들어진 사단의 이념으로 우상을 섬기는 세계종교의 신앙이다. 그들은 악한 목적으로 서로 장려하며 불법의 비밀을 도모하지만 머지않은 장래에 만군의 여호와께서 그 화살을 대적하는 그 벌린 입에 홀연히 쏘실 것이다.

> 저희가 칼 같이 자기 혀를 연마하며 화살 같이 독한 말로 겨누고 숨은 곳에서 완전한 자를 쏘려하다가 갑자기 쏘고 두려워하지 않도다 저희는 악한 목적으로 서로 장려하며 비밀히 올무 놓기를 함께 의논하고 하는 말이 누가 보리요 하며 저희는 죄악을 도모하며 이르기를 우리가 묘책을 찾았다 하나니 각 사람의 속뜻과 마음이 깊도다 그러나 하나님이 저희를 쏘시니 저희가 홀연히 살에 상하리로다 이러므로 저희가 엎드러지리니 저희 혀가 저희를 해함이라 저희를 보는 자가 다 머리를

---

3 장화진, 『신세계 질서의 비밀』 (서울: 터치북스, 2011).

흔들리로다(시 64:3-8).

솔로몬의 아들 르호보암을 반역하여 일어나 이스라엘을 남북으로 찢어 북왕국 이스라엘의 왕이된 여로보암, 그는 이스라엘 백성이 예루살렘에 올라가서 하나님께 예배하지 못하도록 금송아지 둘을 만들어 벧엘과 단에 두었던 우상 숭배자이다. 그가 만든 두 금송아지는 호렙에서 모세가 시내 산에 올라간 동안 아론이 만든 금송아지와 함께 하나님을 대신하여 만든 가증한 우상으로 마귀의 사상을 표출해낸 뉴에이지의 시조이다. 이것이 하나님의 노를 격발하는 이스라엘의 죄의 뿌리가 되어 그들이 대적의 땅에 팔리게 되는 패망의 요인이 되었다.

> 여로보암이 에브라임 산지에 세겜을 건축하고 거기서 살며 또 거기서 나가서 부느엘을 건축하고 그 마음에 스스로 이르기를 나라가 이제 다윗의 집으로 돌아가리로다 만일 이 백성이 예루살렘에 있는 여호와의 전에 제사를 드리고자 하여 올라가면 이 백성의 마음이 유다 왕 된 그 주 르호보암에게로 돌아가서 나를 죽이고 유다왕 르호보암에게로 돌아가리로다 하고 이에 계획하고 두 금송아지를 만들고 무리에게 말하기를 너희가 다시는 예루살렘에 올라갈 것이 없도다 이스라엘아 이는 너희를 애굽땅에서 인도하여 올린 너희 신이라 하고 하

나는 벧엘에 두고 하나는 단에 둘지라 이 일이 죄가 되
었으니 이는 백성들이 단까지 가서 그 하나에게 숭배함
이었더라(왕상 12:25-30).

이렇게 우상 숭배하는 민족들의 사상은 그 세력이 본토에 선
푸른 나무의 무성함 같으나 그들의 나라들과 군왕들이 하나님에
의해 폐하여져 왔고 지금도 세상을 경영하는 열방의 도모는 그
렇게 폐하여질 것이나 하나님의 도모는 영영히 서고 그 심사는
대대에 이를 것이다.

하나님은 궤휼한 자의 계교를 파하사 그 손으로 하는 일
을 이루지 못하게 하시며 간교한 자로 자기 궤휼에 빠지
게 하시며 사특한 자의 계교를 패하게 하심으로 그들은
낮에도 캄캄함을 만나고 대낮에도 더듬기를 밤과 같이
하느니라(욥 5:12-14).

피는 물보다 진하고 사상은 피보다 강하며 영의 사상은 육의
모든 사상을 초월한다. 옛 믿음의 선조들이 맹렬한 핍박 앞에서
도 자신의 목숨을 구차히 아끼지 아니한 것은 이 까닭이다.

또 어떤 이들은 희롱과 채찍질 뿐 아니라 결박과 옥에
갇히는 시험도 받았으며 돌로 치는 것과 톱으로 켜는

것과 시험과 칼에 죽는 것을 당하고 양과 염소의 가죽
을 입고 유리하며 궁핍과 환란과 학대를 받았으니 이런
사람은 세상이 감당치 못하도다 저희가 광야와 산중과
암혈과 토굴에 유리 하였느니라(히 11:36-38).

이렇게 믿음의 사상을 가진 하나님의 사람들은 뉴에이지 사
상을 가진 세상에서는 핍박과 고난을 받아야 하지만 잠시 후에
도래할 차시대, 예수 그리스도의 날에는 마귀의 사상을 가졌던
원수들을 철창으로 다스리게 되리라고 성령이 교회들에게 말씀
하신다.

다만 너희에게 있는 것을 내가 올 때까지 굳게 잡으라
이기는 자와 끝까지 내 일을 지키는 그에게 만국을 다
스리는 권세를 주리니 그가 철창을 가지고 저희를 다스
려 질그릇 깨뜨리는 것과 같이 하리라 나도 내 아버지
께 받은 것이 그러하니라(계 2:25-27).

4 하나님의 사상과 뉴에이지의 한판 결승부

그 입에는 하나님의 존영이요
그 수중에는 두 날가진 칼이로다
이것으로 열방에 보수하며 민족들을 벌하며
저희 왕들은 사슬로
저희 귀인들은 철고랑으로 결박하고
기록한 판단대로 저희에게 시행할찌로다
이런 영광은 그 모든 성도에게 있도다
할렐루야
(시 149:6-9).

하나님의 사상과 뉴에이지의 결말을 격전 드라마 같이 보여주는 유다의 역사가 에스더서에 기록되어있다. 바사왕 아하수에로왕 시대에 유다인 모르드개와 바사인 하만의 양립된 사상으로 말미암은 대결이 그것이다.

아하수에로 왕이 아각사람 함므다다의 아들 하만의 직위를 높이 올려 모든 함께 있는 대신 위에 두니 대궐문에 있는 왕의 모든 신복이 다 왕의 명대로 하만에게 꿇어 절하되 유다인 모르드개는 꿇지도 아니하고 절하지도 아니했다. 하만이 모르드개가 꿇지도 아니하고 절하지도 아니함을 보고 심히 노하여 모르드개만 죽이는 것이 경하다하고 그의 민족 유다인을 다 멸하기로 꾀했다.

한 민족이 왕의 나라 각 도 백성 중에 흩어져 거하는데 그 법률이 만민보다 달라서 왕의 법률을 지키지 아니하오니 용납하는 것이 왕에게 무익하다는 탄원과 함께 많은 뇌물을 하만이 왕의 부고에 드렸다. 이에 십이월 십삼일 하루 동안에 모든 유다인을 남녀노소 무론하고 죽이고 도륙하고 진멸하고 그 재산을 탈취하라는 왕의 조서가 수산 성에 반포되었다.

의인이 악인 앞에 굴복하는 것은 우물의 흐려짐과 샘의 더러워짐 같으므로 하나님의 사상을 가진 모르드개가 마귀의 사상을 가진 하만에게 굴복할 수 없었던 이 사건의 표면적 죄목은 유다인의 법률이 만민보다 다르다는 것이었다. 만민보다 다른 법률은 만민보다 다른 사상에서 말미암은 것이기에 하만이 모르드개

뿐 아니라 유다 모든 민족을 멸하려했던 것이다.

왕의 조명이 각도에 이르매 유다인이 크게 애통하여 금식하며 굵은 베를 입고 재에 누운 자가 무수했다. 이때 왕후 에스더가 부름을 받지 아니하고 왕앞에 나아가면 오직 죽이는 법인 왕의 규례를 어기고 죽으면 죽으리라 하고 믿음으로 왕 앞에 나아감으로서 모르드개와 모든 유다인을 죽음에서 구원했다. 유다인이 처한 사망의 상황이 생명의 상황으로 뒤바뀌게 된 것이다.

하만이 모르드개를 죽이고자 하여 자기 집에 세워둔 오십 규빗이나 되는 나무에 왕이 하만을 대신 달리도록 명했고 각 도에서 세력을 가지고 유다인을 치려했던 본토 백성들을 유다인이 칼로 치고 도륙하고 진멸하라는 왕의 조소가 각도에 반포 되었다. 유다인의 대적이 저희를 제어하기를 바랐더니 유다인이 도리어 자기를 미워하는 자를 제어하게 되었다. 이 날에 유다인이 대적에게서 벗어나 평안함을 얻어 슬픔이 변하여 기쁨이 되고 애통이 변하여 길한 날이 되었으니 "그 노염은 잠깐이요 그 은총은 평생이로다 저녁에는 울음이 기숙할지라도 아침에는 기쁨이 오리로다"(시 30:5)하신 진리의 약속이 유대인에게 이루어 진 것이다.

모르드개가 푸르고 흰 조복을 입고 큰 면류관을 쓰고 자색 가는 베옷을 입고 왕의 앞에서 나오니 수산성이 즐거이 부르며 기뻐하고 유다인 에게는 영광과 즐거움

> 과 기쁨과 존귀함이 있는지라 왕의 조명이 이르는 각
> 도, 각 읍에서 유다인이 즐기고 기뻐하여 잔치를 베풀
> 고 그 날로 경절을 삼으니 본토 백성이 유다인을 두려
> 워하여 유다인 되는 자가 많더라(에 8:15-17).

하만이 모르드개와 유다인을 해하려 하던 악한 꾀가 그의 머리로 돌아갔고 모르드개에게는 아하수에로 왕의 다음이 되는 지극한 영광이 주어졌다.

유다 역사의 한 장을 장식하는 이 명쾌한 한 판 결승부는 이 땅의 권세를 잡고 세상을 치리하는 적그리스도가 장차 손에 홀을 잡고 만왕의 왕으로 이 땅에 임하실 예수 그리스도에 의해 전격 패배하게 될 미래를 생생히 보여주는 청사진이다. 곧 시대가 역전 될 그리스도의 날에 강대한 나라들과 그 백성들이 만군의 여호와를 찾을 것이며 많은 사람들이 하나님의 백성들에게 이르러 은혜를 구하게 될 것을 스가랴서는 예언하고 있다.

> 만군의 여호와가 말하노라 그 후에 여러 백성과 많은 성
> 읍의 거민이 올 것이라 이 성읍 거민이 저 성읍에 가서
> 이르기를 우리가 속히 가서 만군의 여호와를 찾고 여호
> 와께 은혜를 구하자 할 것이면 나도 가겠노라 하겠으며
> 많은 백성과 강대한 나라들이 예루살렘으로 와서 만군
> 의 여호와를 찾고 여호와께 은혜를 구하리라 만군의 여

> 호와가 말하노라 그날에는 방언이 다른 열국 백성 열 명
> 이 유다 사람 하나의 옷자락을 잡을 것이라 곧 잡고 말
> 하기를 하나님이 너희와 함께 하심을 들었나니 우리가
> 너희와 함께 가려 하노라 하리라 하시니라(슥 8:20-23).

창세기에 요셉의 생애에서도 동일한 진리를 찾아볼 수 있다. 요셉은 야곱이 노년에 얻은 아들이었으므로 여러 아들들보다 그를 깊이 사랑하여 채색 옷을 지어 입혔더니 그 형들이 아버지가 자기들보다 그를 더욱 사랑함을 보고 요셉을 미워했다. 그러던 어느 날 요셉은 범상치 않은 꿈을 꾸고 그것을 형들과 아버지에게 고하였다.

> 우리가 밭에서 곡식을 묶더니 내 단은 일어서고 당신들
> 의 단은 내 단을 둘러서서 절하더이다 그 형들이 그에
> 게 이르되 네가 참으로 우리의 왕이 되겠느냐 참으로
> 우리를 다스리게 되겠느냐 하고 그 꿈과 그 말을 인하
> 여 그를 더욱 미워하더니 요셉이 다시 꿈을 꾸고 그 형
> 들에게 고하여 가로되 내가 또 꿈을 꾼 즉 해와 달과 열
> 한 별이 내게 절하더이다 하니라(창 37:7-9).

그 꿈을 인하여 시기한 형들은 요셉을 은 이십에 애굽의 종으로 팔아 버렸다. 이십여 년 간 고난 속에서도 자기 일에 근실

한 요셉은 하나님께 은총을 입어 애굽 왕 바로 앞에 서게 되었고 하나님이 바로에게 보이신 기이한 꿈을 해석하여 애굽을 칠 년 흉년에서 구원해 내어 전 애굽을 다스리는 총리 자리에 앉게 되었다. 그 때에 가나안 땅에도 기근이 심하여 요셉의 형들이 양식을 구하러 애굽에 와서 요셉 앞에 엎드려 절했으니 이는 이십여 년 전에 요셉이 꾼 꿈의 성취이다.

> 때에 요셉이 나라의 총리로서 그 땅 모든 백성에게 팔더니 요셉의 형들이 와서 그 앞에서 땅에 엎드려 절하매 요셉이 보고 형들인 줄 아나 모른 체하고 엄한 소리로 그들에게 말하여 가로되 너희가 어디서 왔느냐 그들이 가로되 곡물을 사려고 가나안에서 왔나이다(창 42:6-8).

믿는 자들은 꿈꾸는 자들이다. 믿음은 바라는 것들의 실상이요 보지 못하는 것들의 증거이기 때문이다.

"이 묵시는 정한 때가 있나니 그 종말이 속히 이르겠고 결코 거짓되지 아니하리라 비록 더딜지라도 기다리라 지체되지 않고 정녕 응하리라"(합 2:3)하신 하나님의 불변의 약속을 기다리는 믿음의 꿈이 있었기에 요셉은 천한 자리에서 고난스런 현실을 인내하며 극복할 수 있었다. 주께서 그의 믿음대로 원수 앞에서 상을 베푸시는 약속의 날이 비로소 이른 것이다.

내가 노하여 너를 쳤으나 이제는 나의 은혜로 너를 긍휼히 여겼은즉 이방인들이 네 성벽을 쌓을 것이요 그 왕들이 너를 봉사할 것이며 네 성문이 항상 열려 주야로 닫히지 아니하리니 이는 사람들이 네게로 열방의 재물을 가져오며 그 왕들을 포로로 이끌어 옴이라 너를 섬기지 아니하는 백성과 나라는 파멸하리니 그 백성들은 반드시 진멸되리라…너를 괴롭게 하던 자의 자손이 몸을 굽혀 네게 나아오며 너를 멸시하던 모든 자가 네 발 아래 엎드리어 너를 일컬어 여호와의 성읍이라 이스라엘의 거룩한 자의 시온이라 하리라(사 60:10-14).

지금은 마귀가 집권하는 시대라 그의 사상을 가진 자들이 하만같이 세와 부를 누리며 성도들을 멸시하고 괴롭히지만 시대는 분명 바뀌게 될 것이다. 곧 이르게 될 예수 그리스도의 날에는 하나님의 사상을 가진 성도들이 나라를 얻고 자기를 학대하던 원수들을 엄히 다스리게 되리라고 진리의 성경은 예언한다.

그 입에는 하나님의 존영이요 그 수중에는 두 날 가진 칼이로다 이것으로 열방에 보수하며 민족들을 벌하며 저희 왕들은 사슬로 저희 귀인들은 철고랑으로 결박하고 기록한 판단대로 저희에게 시행할찌로다 이런 영광은 그 모든 성도에게 있도다 할렐루야(시 149:6-9).

복음의 진실과
신세계 질서의 종말

제3부

예수 그리스도의
복음의 진실

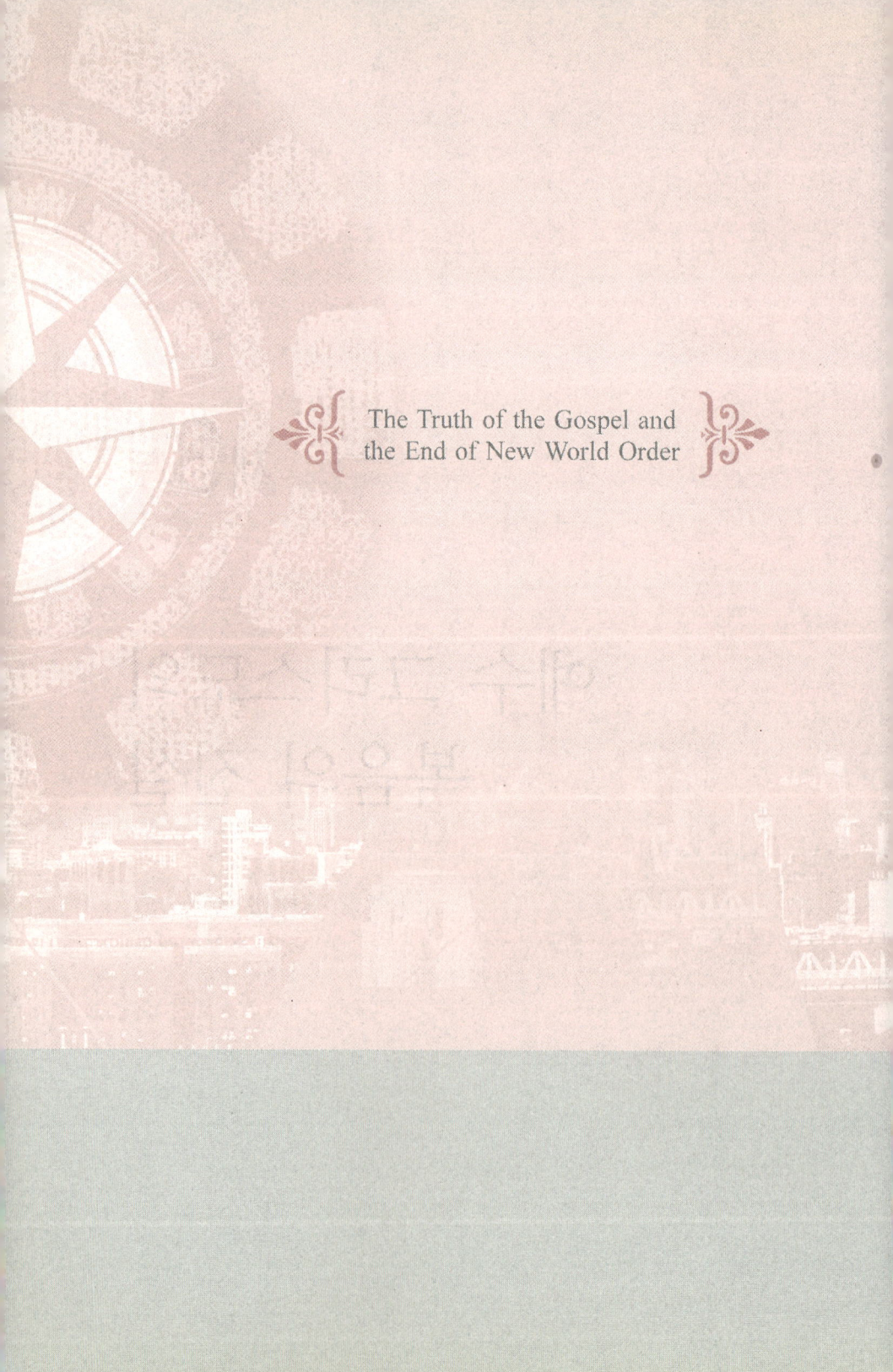

The Truth of the Gospel and
the End of New World Order

1 복음이란 사망의 사슬에서 벗어나는 것

…사망으로 말미암아 사망의 세력을 잡은 자
곧 마귀를 없이 하시며 또 죽기를 무서워하므로
일생에 매여 종노릇하는 모든 자들을
놓아주려 하심이니
(히 2:14-15).

죄의 삯은 사망이라는 율법의 정죄를 받아 영원히 죽을 수밖에 없는 사람이 예수 그리스도의 구속으로 말미암아 사망의 사슬에서 벗어나 영생할 수 있는 복된 소식, 이것이 복음이다.

그러므로 성경전서 육십육 권의 면면에는 계시와 예표, 비유와 실예 등으로 들으면 살 수 있는 복음이 기록되어 있다. 그러나 이 복음은 깊은 땅 속 광석 사이에 묻혀있는 숨은 보석처럼 성경 속에 감추어진 진리이기에 성경을 기록한 성령의 도우심으로라야 깨달을 수 있고 또한 그 길을 행할 수 있다. 그러므로 사도 바울은 다음과 같이 복음의 비밀을 깨달은 은혜를 간증한다.

> 형제들아 내가 너희에게 알게 하노니 내가 전한 복음이 사람의 뜻으로 된 것이 아니라 이는 내가 사람에게서 받은 것도 아니요 배운 것도 아니요 오직 예수 그리스도의 계시로 말미암은 것이라(갈 1:11-12).

> 곧 계시로 내게 비밀을 알게 하신 것은 내가 이미 대강 기록함과 같으니 이것을 읽으면 그리스도의 비밀을 내가 깨달은 것을 너희가 알 수 있으리라(엡 3:3-4).

복음은 교인들의 입에 가장 많이 오르내리는 성경 용어 중에 하나이다. 그렇게 교중에 상식처럼 알려진 복음을 왜 성경은 복음의 비밀, 그리스도의 비밀, 계시의 비밀, 천국의 비밀이라고 하는 것일까.

> 만일 우리가 그리스도와 함께 죽었으면 또한 그와 함께 살줄을 믿노니(롬 6:8).

그리스도와 함께 죽어야 그리스도와 함께 사는 것이 복음의 원리인 까닭에 내일 죽으니 오늘 먹고 마시자 하는 마귀의 철학에 인 맞고 거짓된 초등학문에 교육된 사람들은 이를 들을 수 없고 깨달을 수도 없기에 세상에서는 비밀이 되었다.

> 제자들이 예수께 나아와 가로되 어찌하여 저희에게 비유로 말씀하시나이까 대답하여 가라사대 천국의 비밀을 아는 것이 너희에게는 허락되었으나 저희에게는 아니되었나니 무릇 있는 자는 받아 넉넉하게 되되 무릇 없는 자는 그 있는 것도 빼앗기리라(마 13:10-12).

죽음이 없이 쉽고 넓은 길에서 얻을 수 있는 복음은 없을까. 죽지 아니하고는 부활할 수 없고 부활이 없는 복음은 존재할 수 없다. 왜 사람이 죽어야 하고 어떻게 부활하는지에 대한 복음의 근본을 이해하기 위해서는 성령 안에서 말씀을 상고해야 한다. 모든 사람이 죽어야 하는 까닭은 모든 사람이 하나님께 죄를 범했기 때문이다.

> 어리석은 자는 그 마음에 이르기를 하나님이 없다 하도
> 다 저희는 부패하고 소행이 가증하여 선을 행하는 자가
> 없도다 여호와께서 하늘에서 인생을 굽어 살피사 지각
> 이 있어 하나님을 찾는 자가 있는가 보려 하신즉 다 치
> 우쳤으며 함께 더러운 자가 되고 선을 행하는 자가 없으
> 니 하나도 없도다(시 14:1-3).

죄의 삯은 사망이다. 때문에 죄를 지은 사람은 죽어야 하는 것이 진리이다. 이 복음의 비밀을 세상에 본을 보이시기 위하여 그리스도께서 이 땅에 오셔서 죽으시고 삼일 만에 부활하신 것이다. 때문에 예수님이 본을 보이신 죽음 그리고 부활은 그리스도인이 따라가야 할 발자취이다.

> 그러므로 내가 택하신 자를 위하여 모든 것을 참음은
> 저희로도 그리스도 예수 안에 있는 구원을 영원한 영광
> 과 함께 얻게하려 함이로라 미쁘다 이 말이여 우리가
> 주와 함께 죽었으면 또한 함께 살 것이요 참으면 또한
> 함께 왕 노릇 할 것이요 우리가 주를 부인하면 주도 우
> 리를 부인하실 것이라(딤후 2:10-12).

복음의 비밀을 세상에 알리시기 위하여 육신을 입고 오신 예수님은 탄생하신 유아시절부터 이 비밀의 계시를 몸소 보이셨

다. 마태복음서를 열어보자.

> 저희가 떠난 후에 주의 사자가 요셉에게 현몽하여 가로되 헤롯이 아기를 찾아 죽이려 하니 일어나 아기와 그의 모친을 데리고 애굽으로 피하여 내가 네게 이르기까지 거기 있으라 하시니 요셉이 일어나서 밤에 아기와 그의 모친을 데리고 애굽으로 떠나가 헤롯이 죽기까지 거기 있었으니…헤롯이 죽은 후에 주의 사자가 애굽에서 요셉에게 현몽하여 가로되 일어나 아기와 그 모친을 데리고 이스라엘 땅으로 가라 아기의 목숨을 찾던 자들이 죽었느니라(마 2:13-20).

육신의 몸을 입고 혈육에 함께 속한 예수는 혈육에 속한 자들과 같이 율법의 정죄를 받으셔야 했기에 그의 목숨을 찾는 헤롯의 추격을 피해 애굽으로 내려가 잠시 숨어 계셔야했다. 대적을 피해 숨어계실 동안 아기의 목숨을 찾던 헤롯이 죽었다. 이는 받은 고난으로 율법의 정죄가 끝이 나는 복음을 계시한 진리이다. 그가 아들이시라도 받으신 고난으로 순종함을 배워서 온전하게 되신 본을 우리에게 보여주신 것이다.

내 백성아 갈찌어다 네 밀실에 들어가서 네 문을 닫고
분노가 지나가기까지 잠시 숨을찌어다 보라 여호와께

> 서 그 처소에서 나오사 땅의 거민의 죄악을 벌하실 것
> 이라 땅이 그 위에 잦았던 피를 드러내고 그 살해당한
> 자를 다시 가리우지 아니하리라(사 26:20, 21).

그러나 진리를 모르는 인생들은 악한 일에 징벌이 속히 실행되지 않음으로 악을 행하기에 담대하다. 그럼으로 의로우신 재판장인 하나님은 땅의 거민의 죄악을 벌하시기 위하여 날마다 칼을 갈고 계신다. 어떤 사람의 죄는 밝히 드러나 먼저 심판에 나아가고 어떤 사람의 죄는 그 뒤를 좇을 뿐이다.

> 하나님은 의로우신 재판장이심이여 매일 분노하시는
> 하나님이시로다 사람이 회개치 아니하면 저가 그 칼
> 을 갈으심이여 그 활을 이미 당기어 예비하셨도다 죽일
> 기계를 또한 예비하심이여 그 만든 살은 화전이로다(시 7:9-13).

죄를 간과하지 아니하시는 하나님은 살아생전이든지 죽은 이후에라도 반드시 회개치 아니한 사람의 죄의 값을 요구하신다. 사람이 젊었을 때에 멍에를 매는 것이 좋다 하심이 이 까닭이다. 이는 늙어서 하나님의 징계를 받는것 보다 젊어서 받는 것이 낳으며 죽어서 심판을 받아 영원한 지옥 형벌을 받느니보다 살아서 하나님의 긍휼 있는 심판을 받는 것이 좋다는 뜻이다. 사람의

죄는 언제든지 하나님의 노가 풀리시도록 심판을 받지 아니하고는 결코 끝이 나지 않기 때문이다.

> 내가 그 피를 말간 반석위에 두고 덥히지 않게 함은 분노를 발하여 보응하려 함이로다 그러므로 나 주 여호와가 말하노라 화 있을진저 피를 흘린 성읍이여 내가 또 나무 무더기를 크게 하리라 나무를 많이 쌓고 불을 피워 그 고기를 삶아 녹이고 국물을 졸이고 그 뼈를 태우고 가마가 빈 후에는 숯불 위에 놓아 뜨겁게 하며 그 가마의 녹을 달궈서 그 속에 더러운 것을 녹게 하며 녹이 소멸하게 하라 이 성읍이 수고하므로 스스로 곤비하나 많은 녹이 그 속에서 벗어지지 아니하고 불에서도 없어지지 아니하는도다 너희 더러운 중에 음란이 하나이라 내가 너를 정하게 하나 네가 정하여 지지 아니하리니 내가 네게 향한 분노를 풀기 전에는 네 더러움이 다시 정하여 지지 아니하리라(겔 24:8-14).

그러나 세상 교회들에서는 죄를 말하지 않는다. 그 이유는 목회자 자신이 죄 속에서 살고 있는 고로 죄를 알지 못하기 때문이다. 그러므로 그들은 죽음이 없이도 부활할 수 있다는 거짓 복음을 전파할 수밖에 없다.

"그 권면이 너희를 부르신 이에게서 난 것이 아니라 적은 누룩이 온덩이에 퍼지느니라"(갈 5:8-9)하심같이 하나님께로서 난 복음이 아니라 마귀에게 난 것은 바로 누룩덩어리와도 같다. 거짓에 인 맞은 세상 사람들은 죽어야 부활한다는 복음의 진실보다는 값없이 천국갈 수 있다는 삯꾼 목자들의 거짓말 듣기를 좋아한다. 때문에 거짓말을 잘하는 교회일수록 사람들이 차고 넘친다. 그러나 죽음과 부활의 복음의 진실을 말하면 죽기를 무서워하는 사람들은 멀리 멀리 도망한다. 때문에 나는 이 복음을 들고 세상에서 목회할 수 없었다. 그럼으로 사람들을 불러 모아 영업을 목적으로 하는 교회들은 참된 복음을 말해서는 아니 되며, 사실 말할 수도 없다. 왜냐하면 마귀에게 속하여 땅의 일을 도모하며 그리스도 십자가의 원수로 행하는 거짓 목자들이 그리스도의 복음의 진실을 알 리 없기 때문이다.

> 내가 여러 번 너희에게 말하였거니와 이제도 눈물을 흘리며 말하노니 여러 사람들이 그리스도 십자가의 원수로 행하느니라 저희의 마침은 멸망이요 저희의 신은 배요 그 영광은 저희의 부끄러움에 있고 땅의 일을 생각하는 자라(빌 3:18, 19).

2 복음을 증명한 믿음의 선조들

내 백성이 평안한 집과
안전한 거처와
종용히 쉬는 곳에 있으려니와
먼저 그 삼림은 우박에 상하고
성읍은 파괴되리라
(사 32:18-19).

◆ 야곱의 환난

그리스도의 복음 두 번째 단원에서는 옛적부터 좁고 협착한 복음의 길을 걸어왔던 믿음의 선조들의 삶을 통하여 죽음과 부활의 복음의 진실을 증명코자 한다. 먼저 야곱의 환난을 상고해 보자.

하나님의 나라를 침노했던 야곱은 조부 아브라함과 아버지 이삭의 기업을 얻기 위하여 형 에서의 장자의 명분을 빼앗아 아버지의 축복을 받긴 했으나 아버지를 속인 육신적 죄과도 역시 받아야 했다. 때문에 야곱은 형 에서의 분노가 풀리기까지 하란으로 도피하여 외삼촌 라반의 집에서 이십 년간의 복역의 삶을 살아야 했었다. 낮에는 더위를 무릅쓰고 밤에는 추위를 당하며 눈 붙일 겨를도 없이 라반의 양을 치며 죄에 대한 심판을 받았던 것이다. 그러나 야곱이 브엘세바에서 떠나 밧단아람으로 가는 외로운 길에 나타나셨던 하나님은 야곱의 고난의 길에서 그를 지키셨고 복역을 마치기까지 그와 함께 하셨다.

> 내가 너와 함께 있어 네가 어디로 가든지 너를 지키며 너를 이끌어 이 땅으로 돌아오게 할찌라 내가 네게 허락한 것을 다 이루기까지 너를 떠나지 아니하리라 하신지라(창 28:15).

야곱의 하나님은 그의 약속대로 인내하며 복역을 마친 야곱을 라반의 집에서 불러내어 본향으로 돌아오게 하셨다. 야곱이 죄의 형벌을 받을 동안 그에게 한을 풀려했던 에서의 분노가 풀렸기 때문이다. 이는 야곱을 정죄하던 율법이 죽은 것을 의미하며 또한 죄에 대한 하나님의 노가 풀린 것을 뜻한다.

> 이와 같이 내 노가 다한즉 그들에게 향한 분이 풀려서 내 마음이 시원하리라 내 분이 그들에게 다한즉 나 여호와가 열심으로 말한 줄을 그들이 알리라(겔 5:13).

야곱의 환난은 사람이 하나님께 죄를 범하였으므로 대적의 땅인 세상에 쫓겨나 수고로운 삶을 사는 인생의 모습을 그린 것이다. 인내하며 복역을 마친 야곱이 환난을 벗어난 것 같이 인생이 고난의 삶을 사는 날 동안 마음이 낮아져서 지은 죄의 형벌을 순히 받으면 그 쫓겨났던 본향 하나님의 집으로 다시 돌아오리라는 것이 복음의 약속이다.

> 그들이 자기 죄와 그 열조의 죄와 및 그들이 나를 거스린 허물을 자복하고 또 자기들이 나를 대항하였으므로 나도 그들을 대항하여 그 대적의 땅으로 끌어갔음을 깨닫고 그 할례 받지 아니한 마음이 낮아져서 그 죄악의 형벌을 순히 받으면 내가 야곱과 맺은 내 언약과 이삭

과 맺은 내 언약을 생각하며 아브라함과 맺은 내 언약을 생각하고 그 땅을 권고하리라(레 26:40-42).

◆ 문둥병에 나타난 복음

레위기서의 문둥병에 관한 규례에서도 이 진리를 찾아볼 수 있다. 율법 시대에 사람의 피부에 무슨 환처가 생기면 그를 제사장에게 데려가 문둥병 여부를 진찰 받아야 했다. 피부에 흰 점이 돋고 털이 희어지고 거기 난육이 생겼으면, 제사장이 이를 부정한 것, 즉 문둥병으로 진단하여 그를 진밖에 나가 살게 했다. 이러한 율법에 변수가 있었으니 문둥병 환자의 환처가 피부에 크게 발하여 머리부터 발끝까지 온 몸에 퍼졌으면 제사장은 그 환자를 정하다 진단했던 일이다.

> 제사장의 보기에 문둥병이 그 피부에 크게 발하였으되 그 환자의 머리부터 발까지 퍼졌거든 그가 진찰할 것이요 문둥병이 과연 그 전신에 퍼졌으면 그 환자를 정하다 할찌니 다 희어진 자인즉 정하거니와(레 13:12, 13).

성경에서 문둥병은 열조로부터 유전 받은 인간의 치명적 죄를 계시한다. 혈통 속에 들어있는 문둥병 균이 전신에 완연히 발한 문둥이를 정하다고 진단했던 규례는 하나님이 죄를 진단하시는 섭리를 계시하고 있다. 하나님이 죄를 판단하시는 관점은 경건한 자를 의롭다 여기는 사람의 기준과 판이하다. 혈통으로 말미암은 선천적 죄이든 교육이나 습관으로 길들어진 후천적 죄이든 사람의 숨은 죄는 하나님과 사람 앞에 드러나 심판을 받음으로 그 값을 청산해야 한다.

> 만일 우리가 죄 없다하면 스스로 속이고 또 진리가 우리 속에 있지 아니할 것이요 만일 우리가 우리 죄를 자백하면 저는 미쁘시고 의로우사 우리 죄를 사하시며 모든 불의에서 우리를 깨끗케 하실 것이요 만일 우리가 범죄하지 아니하였다 하면 하나님을 거짓말하는 자로 만드는 것이니 또한 그의 말씀이 우리 속에 있지 아니하니라(요일 1:8-10).

죄는 크든 작든 거기에 상응하는 심판이 반드시 따른다. 때문에 사람들은 본능적으로 죄를 숨기려 한다. 예컨대 일심동체라고 말하는 부부끼리도 숨은 죄를 밀폐 용기에 넣어 은밀한 곳에 숨겨두고 마치 평토장한 무덤 같이 서로 외식하며 평생 살아간다. 이는 죽기를 두려워하여 하나님을 속이는 행위로써 그 몸에 상당한 보응을 받게 된다. 그러나 "자기의 죄를 숨기는 자는 형통치 못하나 죄를 자복하고 버리는 자는 불쌍히 여김을 받으리라"(잠 28:13)는 말씀처럼, 하나님과 사람 앞에 죄를 토설하는 것은 죄의 심판을 받겠다는 정직한 죄인의 자세로써 하나님의 긍휼을 입어 죄의 심판을 면하게 된다.

> 내가 토설치 아니할 때에 종일 신음함으로 내 뼈가 쇠하였도다 주의 손이 주야로 나를 누르시오니 내 진액이 화하여 여름 가물에 마름같이 되었나이다 내가 이르기를 내 허물을 여호와께 자복하리라 하고 주께 내 죄를 아뢰고 내 죄악을 숨기지 아니하였더니 곧 주께서 내 죄의 악을 사하셨나이다 이로 인하여 무릇 경건한 자는 주를 만날 기회를 타서 주께 기도할찌라 진실로 홍수가 범람할찌라도 저희에게 미치지 못하리라(시 32:3-6).

◆ 유다 암흑 시대에 나타난 복음

예레미야서에도 유다 암흑 시대의 역사를 통해 복음의 진리를 증거하고 있다. 음란하게 이방신을 섬겨 하나님을 배반하고 그의 보내신 선지자들을 핍박했던 유대인들에게 격분하신 하나님은 그들을 심판하시기 위하여 살륙의 칼을 집에서 빼어 드셨다.

예루살렘은 함락되고 하나님의 성전은 파괴되는 형벌의 날에 하나님의 말씀이 선지자 예레미야의 입으로 선포되었다. 그것은 그들을 치는 갈대아 인에게 나아가 항복하면 살리라는 매우 특별한 메시지였다.

> 여호와께서 가라사대 너는 또 이 백성에게 여호와께서 이같이 말씀하신다 하라 보라 내가 너희 앞에 생명의 길과 사망의 길을 두었노니 이 성에 거주하는 자는 칼과 기근과 염병에 죽으려니와 너희를 에운 갈대아인에게 나아가서 항복하는 자는 살리니 그의 생명은 노략한 것같이 얻으리라(렘 21:8-9).

하나님의 분노를 격발케 한 유대인들이 살 수 있는 유일한 길은 갈대아 군대에 나아가 항복하여 이미 범한 자기들의 죄의 형벌을 받는 것 외에는 다른 길이 없었다. 때문에 유대인들은 대적의 땅에 끌려가서 칠십 년간 그들의 죄의 값을 지불해야했다. 그러나 하나님은 그들을 아주 버리지 아니하셨으니 그들이 복역의 때를 마치면 다시 본토로 데려와서 하나님의 백성으로서의 새로운 삶을 허락 하시리라고 약속하셨다. 그러나 그 땅에 남아 있거나 애굽으로 도망하는 자는 하나님께서 그 뒤를 따라 칼과 기근과 염병으로 멸하시리라고 또한 경고하셨다.

> 여호와의 말씀이 또 내게 임하니라 가라사대 이스라엘

의 하나님 여호와가 이같이 말하노라 내가 이곳에서 옮겨 갈대아인의 땅에 이르게 한 유다 포로를 이 좋은 무화과같이 보아 좋게 할 것이라 내가 그들을 돌아보아 좋게 하여 다시 이 땅으로 인도하고 세우고 헐지 아니하며 심고 뽑지 아니하겠고 내가 여호와를 아는 마음을 그들에게 주어서 그들로 전심으로 내게 돌아오게 하리니 그들은 내 백성이 되겠고 나는 그들의 하나님이 되리라 나 여호와가 이같이 말하노라 내가 유다왕 시드기야와 그 방백들과 예루살렘의 남은 자로서 이 땅에 남아 있는 자와 애굽 땅에 거하는 자들을 이 악하여 먹을 수 없는 악한 무화과같이 버리되 세상 모든 나라 중에 흩어서 그들로 환난을 당하게 할 것이며 또 그들로 내가 쫓아 보낼 모든 곳에서 치욕을 당하게 하며 말거리가 되게 하며 조롱과 저주를 받게 할 것이며 내가 칼과 기근과 염병을 그들 중에 보내어 그들로 내가 그들과 그 열조에게 준 땅에서 멸절하기까지 이르게 하리라 하시니라(렘 24:4-10).

사람이 하나님의 구원을 받기 위해서는 지난 날의 죄가 드러나 그 상당한 심판을 겸손히 받아야만 한다. 때문에 하나님의 진노에서 이스라엘을 구원하시기 위하여 하나님은 먼저 그들의 죄를 목전에 드러내어 엄중히 처벌하신 것이다.

의의 공효는 화평이요 의의 결과는 영원한 평안과 안전이라 내 백성이 평안한 집과 안전한 거처와 종용히 쉬는 곳에 있으려니와 먼저 그 삼림은 우박에 상하고 성읍은 파괴되리라 모든 물가에 씨를 뿌리고 소와 나귀를 그리로 모는 너희는 복이 있느니라(사 32:17-20).

◆ 복음의 산 증인 요나

요나서에서는 하나님께 범죄한 요나가 죄의 심판을 받고 큰 물고기 뱃속에 들어갔다가 삼일 만에 다시 살아난 요나의 표적으로 예수 그리스도의 복음을 증거하고 있다.

죄악의 도성 니느웨를 멸하시기로 작정하신 하나님은 "저 큰 성읍 니느웨로 가서 그것을 쳐서 외치라"(욘 1:2) 라고 선지자 요나에게 명하셨다. 니느웨는 막강한 대국이었던 앗수르의 수도로 악독이 극한 도성이었으므로 사십일 후에 그 성읍이 무너지리라는 하나님의 심판의 경고를 요나는 그곳에 가서 외치기가 두려웠다. 여호와의 낯을 피하여 도망하려고 그는 다시스로 가는 배에 몸을 실었으나 하나님의 분노는 그의 뒤를 따랐다. 하나님은 바다에 큰 폭풍을 일으키셨고 요나를 태운 배는 광풍에 깨어질 위경에 이르렀다. 배에 동승한 사람들은 배를 가볍게 하려고 물건을 바다에 던지고 각각 그들의 신을 부르며 구원을 시도해 보앉으나 바다는 점점 흉용해갔다. 다급해진 그들은 누구로 인하여 이 재앙이 왔는지 제비를 뽑았고 제비는 요나를 집어냈다. 이 큰 폭풍을 만난 것이 자신의 죄의 연고인줄 알았던 하나님의 사람 요나는 자기를 향하여 입을 벌리는 성난 바다에 자신을 던지기로 했다.

> 바다가 점점 흉용한지라 무리가 그에게 이르되 우리가 너를 어떻게 하여야 바다가 우리를 위하여 잔잔하겠느냐 그가 대답하되 나를 들어 바다에 던지라 그리하면 바다가 너희를 위하여 잔잔하리라 너희가 이 큰 폭풍을 만난 것이 나의 연고인줄을 내가 아노라 하니라(욘 1:11, 12).

그들은 흉용한 바다에 요나를 던졌고 성난 바다는 곧 그 기세를 꺾었다. 요나에게 향하신 하나님의 분노가 풀리신 것이다. 죄의 심판을 순히 받은 요나를 위해 하나님은 큰 물고기를 예비하시어 요나를 삼키게 하셨고 삼일 후에 그를 다시 육지에 토해 내도록 명하셨다. 이 요나의 표적은 장차 이 땅에 오셔서 십자가에 죽으시고 삼일 만에 살아나실 그리스도 예수의 복음을 예표한 것으로써 죄의 몸이 멸하여져야 영으로 다시 사는 진리를 적나하게 나타낸 복음이다.

> 그때에 서기관과 바리새인중 몇 사람이 말하되 선생님
> 이여 우리에게 표적 보여주시기를 원하나이다 예수께
> 서 대답하여 가라사대 악하고 음란한 세대가 표적을 구
> 하나 선지자 요나의 표적밖에는 보일 표적이 없느니라
> 요나가 밤낮 사흘을 큰 물고기 뱃속에 있었던 것 같이
> 인자도 밤낮 사흘을 땅 속에 있으리라(마 12:38-40).

사람들은 하나님을 다만 용서와 사랑의 주님으로 알고 있다. 그렇다면 하나님은 그의 말씀을 불순종한 요나를 죄 있는 모습 그대로 용서하셨어야 옳을 것이다. 그러나 하나님은 죄를 범한 요나를 엄중히 심판하셨다. 삼일 삼야 바다의 뿌리까지 내려가도록 요나를 징계하신 것은 요나가 지은 죄와 함께 영원히 멸망하지 않게 하려 하심이었다. 이것이 하나님의 참 사랑이요 복음인 것이다.

> 우리가 우리를 살폈으면 판단을 받지 아니하려니와 우
> 리가 판단을 받는 것은 주께 징계를 받는 것이니 이는
> 우리로 세상과 함께 죄 정함을 받지 않게 하려 하심이
> 라(고전 11:31-32).

하나님은 결코 죄인을 사하지 아니하신다(나 1:2). 죄의 삯은 사망이라는 진리를 하나님 자신이 범하실 수 없기 때문이다. 죄

의 빚을 갚은 후에야 하나님의 분노가 끝이 나고 죄에서 돌이킨 후에야 용서와 사랑을 베푸시는 것이 하나님의 공의이다. 만일 요나가 그의 죄를 마음으로 깨닫고 입으로 시인은 했으나 죽음이 두려워 자신을 바다에 내어 던지지 않았다면 어떻게 되었을까? 그의 불의한 죄는 여전히 그에게 남아 있었을 것이고, 그로 인해 율법이 요나의 생명을 취하였을 것이다. 그러나 스스로 하나님의 심판 앞에 나아가 죽음으로써 죄의 값을 남김없이 갚은 요나는 부활의 기적을 증험했고 이로써 복음의 산 증인으로써 복음의 진실을 증거한다.

> 나의 대적이여 나로 인하여 기뻐하지 말찌어다 나는 엎드려질찌라도 일어날 것이요 어두운데 앉을 찌라도 여호와께서 나의 빛이 되실 것임이로다 내가 여호와께 범죄하였으니 주께서 나를 위하여 심판하사 신원하시기까지는 그의 노를 당하려니와 주께서 나를 인도하사 광명에 이르게 하시리니 내가 그의 의를 보리로다(미 7:8, 9).

3 죽음과 부활, 이것이 복음이다

> 만일 우리가 그의 죽으심을 본받아
> 연합한자가 되었으면
> 또한 그의 부활을 본받아
> 연합한 자가 되리라
> (롬 6:5).

2010년 8월, 세계인의 주목과 찬사를 아낌없이 받았던 무너진 광산 안에 69일간 갇혀있던 칠레의 33인의 광부들, 그들의 생명을 구해내기 위한 캡슐이 신기술의 결집으로 만들어졌고 캡슐은 광산 협곡을 뚫고 지하 700m 아래로 내리워졌다. 그동안 인내하며 구원의 손길을 애타게 기다리던 광부들은 정해진 순서를 따라 한 명씩 캡슐에 올라탔고 캡슐은 위험한 협곡을 무사히 통과하여 그들을 지상 위로 구조해 올렸다. 죽음의 수렁에서 생명을 다시 찾은 그들의 기쁨은 온 천하를 얻은 것 같았으리라. 사망의 목전에서 구사일생으로 구원 받은 그들의 구조 실황을 나는 마치 하나님의 구원의 역사를 드라마로 보는 듯 매우 감동스럽게 지켜보았었다.

하나님의 구원의 역사는 영세 전부터 감취었다가 세상 끝에 나타나신 예수 그리스도의 복음으로 일축된다. 이번 단원에서는 이 비밀한 복음의 계시를 살펴보고자 한다.

> 나의 복음과 예수 그리스도를 전파함은 영세 전부터 감취었다가 이제는 나타나신바 되었으며 영원하신 하나님의 명을 좇아 선지자들의 글로 말미암아 모든 민족으로 믿어 순종케 하시려고 알게 하신바 그 비밀의 계시를 좇아 된 것이니 이 복음으로 너희를 능히 견고케 하실 지혜로우신 하나님께 예수그리스도로 말미암아 영광이 세세무궁토록 있을찌어다 아멘(롬 16:25-27).

칠레 정부가 광부들을 구출해 내기 위한 캡슐을 만들기 전에 먼저 한 일은 그들이 매몰되어 있는 정확한 위치를 확인하는 일이었을 것이다. 이와 같이 사망에 처하게 된 사람이 전능자 하나님께 구원받기 위해 먼저 해야 할 일은 사망의 세력을 잡은 자 마귀사단의 권세 아래 처하게 된 인간 본연의 위치를 발견하는 일이다. 마귀에게 속하여 죽을 수밖에 없는 인간의 숙명을 깨달은 사람이라면 전능자 하나님께 구원을 부르짖을 수밖에 없다. 구원은 여기서 시작된다.

사도 바울은 자기가 원치 않아도 죄 아래로 끌려가는 자신을 탄식하며 그 어쩔 수 없는 사망의 몸에서 구원받기를 부르짖었다.

> 나의 행하는 것을 내가 알지 못하노니 곧 원하는 이것은 행하지 아니하고 도리어 미워하는 그것을 함이라 만일 내가 원치 아니하는 그것을 하면 내가 이로 율법의 선한 것을 시인하노니 이제는 이것을 행하는 자가 내가 아니요 내 속에 거하는 죄니라 내 속 곧 내 육신에 선한 것이 거하지 아니하는 줄을 아노니 원함은 내게 있으나 선을 행하는 것은 없노라 내가 원하는바 선은 하지 아니하고 도리어 원치 아니하는바 악을 행하는 도다…내 속사람으로는 하나님의 법을 즐거워하되 내 지체 속에서 한 다른 법이 내 마음의 법과 싸워 내 지체 속에 있는 죄의 법 아래로 나를 사로잡아 오는 것을 보는 도다

> 오호라 나는 곤고한 사람이로다 이 사망의 몸에서 누가 나를 건져내랴(롬 7:18-24).

하나님의 법을 사모하는 자신 안에 이를 저해하는 또 다른 법이 존재하는 것을 사도 바울은 발견했다. 사람을 죄의 사슬로 묶어 사망으로 이끌어가는 '죄와 사망의 법'이 그것이다. 죄와 사망의 법이란 사망의 세력을 잡은 마귀에게 일생 매여 죄의 종 노릇하다 결국 사망 당하게 되는 사단의 법률을 말한다. 사냥꾼의 올무와 같은 이 죄와 사망의 법에서 인간을 놓아주시려고 하나님은 그의 아들 그리스도 예수를 육신의 모양으로 이 세상에 보내셨다.

> 자녀들은 혈육에 함께 속하였으매 그도 또한 한 모양으로 혈육에 함께 속하심은 사망으로 말미암아 사망의 세력을 잡은 자 곧 마귀를 없이하시며 또 죽기를 무서워하므로 일생에 매여 종노릇하는 모든 자를 놓아주려 하심이니(히 2:14-15).

얼마 전 우리 집 벽난로 굴뚝 안으로 새 한 마리가 날아 들어왔다. 그 새는 다시 밖으로 날아가려고 필사적으로 날개 짓을 해보지만 좁은 공간에서 날개조차 펼 수 없었던 새는 굴뚝 위로 날아오를 수 없어서 며칠을 푸드득 거리며 애처롭게 울어댔다. 보다 못한 아들은 새를 놓아주려고 벽난로의 벽과 천정을 뜯어내는 구출 작전을 벌였다. 그러나 새는 밝은 곳으로 나오기를 두려워하며 더욱 어두운 굴뚝 속으로 들어가려고 몸부림쳤다. 아들은 굴뚝 안으로 손을 깊숙이 집어넣어 새를 조심스럽게 잡아 창공으로 날려 보내주었다. 새는 죽음의 목전에서 구원받은 것이다.

구원이란 예배당에 앉아 머리로 이해하는 지식이나 성경적 개념이 아니다. "그가 우리를 흑암의 권세에서 건져 내사 그의 사랑의 아들의 나라로 옮기셨다"(골 1:13)하심 같이 실제로 영, 혼, 육이 마귀사단의 사망의 권세에서 벗어나 예수 그리스도의 안식의 나라로 옮겨지는 소속의 전환을 말하는 것이다.

> 내가 진실로 진실로 너희에게 이르노니 내말을 듣고 또 나 보내신 이를 믿는 자는 영생을 얻었고 심판에 이르지 아니하나니 사망에서 생명으로 옮겼느니라(요 5:24).

갇힌 굴뚝 안에서 스스로 나올 수 없었던 새에게 구원자가 필요했듯이 사람이 그 다스리는 절대 권력자 사단의 속박을 벗어나기 위해서는 그보다 능력 있는 구원자가 필요하다. 그는 이 악한 세대에서 우리를 건지시려고 우리 죄를 위하여 자기 몸을 드리신 그리스도 예수이시다.

그리스도께서 하나님 곧 우리 아버지의 뜻을 따라 이

악한 세대에서 우리를 건지시려고 우리 죄를 위하여 자기 몸을 드리셨으니(갈 1:4).

좁고 어두운 굴뚝 안에 갇혀 울어댔던 새처럼 연약한 육신으로는 사단의 세력인 죄와 사망의 법에서 벗어날 수 없어서 로마서 7장에서 구원을 절규했던 사도 바울은 죄와 사망의 법에서 해방시킬 예수 그리스도 안에 있는 생명의 성령의 법을 발견하고 로마서 8장에서 그 놀라운 복음을 찬양하고 있다.

그러므로 이제 그리스도 예수 안에 있는 자에게는 결코 정죄함이 없나니 이는 그리스도 예수 안에 있는 생명의 성령의 법이 죄와 사망의 법에서 너를 해방하였음이라 율법이 육신으로 말미암아 연약하여 할 수 없는 그것을 하나님은 하시나니 곧 죄를 인하여 자기 아들을 죄 있는 육신의 모양으로 보내어 육신에 죄를 정하사 육신을 좇지 않고 그 영을 좇아 행하는 우리에게 율법의 요구를 이루어지게 하려 하심이니라(롬 8:1-4).

처음부터 범죄자인 악한 마귀는 사람으로 죄를 짓게 함으로 사망의 덫에 걸리도록 '죄와 사망의 법'을 만들었다. 그러나 하나님은 그 갇힌 옥에서 인간을 구해내시기 위해 예수 그리스도로 말미암아 '생명의 성령의 법'을 만드신 것이다. 영원히 사망에 이르게 할 '죄와 사망의 법'과 영원히 생명에 이르게 할 '생명의 성령의 법', 이 양대 법은 죄와 밀접한 관련이 있다. 사람들이 듣기 싫어하는 죄에 대하여 내가 항상 말하는 이유가 여기에 있다.

　죄를 짓는 자는 마귀에게 속하게 되고 죄를 짓지 아니하는 자는 하나님께 속하게 되므로 주 예수께서 우리 죄를 없이 하시려고 이 땅에 오신 것이다.

> 죄를 짓는 자마다 불법을 행하나니 죄는 불법이라 그가 우리 죄를 없이하려고 나타나신바 된 것을 너희가 아나니 그에게는 죄가 없느니라 그 안에 거하는 자마다 범죄하지 아니하나니 범죄하는 자마다 그를 보지도 못하였고 그를 알지도 못하였느니라 자녀들아 아무도 너희를 미혹하지 못하게 하라 의를 행하는 자는 그의 의로우심과 같이 의롭고 죄를 짓는 자는 마귀에게 속하나니 마귀는 처음부터 범죄함이니라 하나님의 아들이 나타나신 것은 이는 마귀의 일을 멸하려 하심이니라 하나님께로서 난 자마다 죄를 짓지 아니하나니 이는 하나님의 씨가 그 속에 거함이요 저도 범죄치 못하는 것은 하나님께로서 났음이라 이러므로 하나님의 자녀들과 마귀의 자녀들이 나타나나니…(요일 3:4-10).

　마귀를 좇으면 그 악한 영이 마음과 육체가 원하는 대로 행하도록 육을 장려하여 사망에 이르게 하고 하나님을 좇으면 그 거룩하신 영이 율법의 요구를 이루도록 진리 가운데로 인도하여 생명에 이르게 한다. 하나님을 좇아 행한다 함은 예수와 함께 죽고 예수와 함께 사는 복음에 합당한 삶을 사는 것을 말한다.

> 만일 우리가 그의 죽으심을 본받아 연합한 자가 되었으면 또한 그의 부활을 본받아 연합한 자가 되리라 우리가 알거니와 우리 옛사람이 예수와 함께 십자가에 못 박힌 것은 죄의 몸이 멸하여 다시는 우리가 죄에게 종 노릇하지 아니하려 함이니 이는 죽은 자가 죄에서 벗어나 의롭다 하심을 얻었음이니라 만일 우리가 그리스도와 함께 죽었으면 또한 그와 함께 살줄을 믿노니 이는 그리스도께서 죽은 자 가운데서 사셨으매 다시 죽지 아니하시고 사망이 다시 그를 주장하지 못할 줄을 앎이로라(롬 6:5-9).

예수와 함께 죽고 예수와 함께 사는 것, 이것이 복음이다. 그러나 지상에서 솟아난 교회들에서는 아예 복음을 말하지 아니하거나 혹이 말할찌라도 그것은 죽음과 부활의 실체가 없는 허울뿐인 입의 복음일 뿐이다. 이것은 귀신들도 믿고 떠드는 복음이다.

이와 같이 행함이 없는 믿음은 그 자체가 죽은 것이
라…네가 하나님은 한 분이신줄을 믿느냐 잘 하는도다
귀신들도 믿고 떠느니라. 아아 허탄한 사람아 행함이
없는 믿음이 헛것인줄 알고자 하느냐 우리조상 아브라
함이 그 아들 이삭을 제단에 드릴때에 행함으로 의롭다
하심을 받은 것이 아니냐(약 2:17-21).

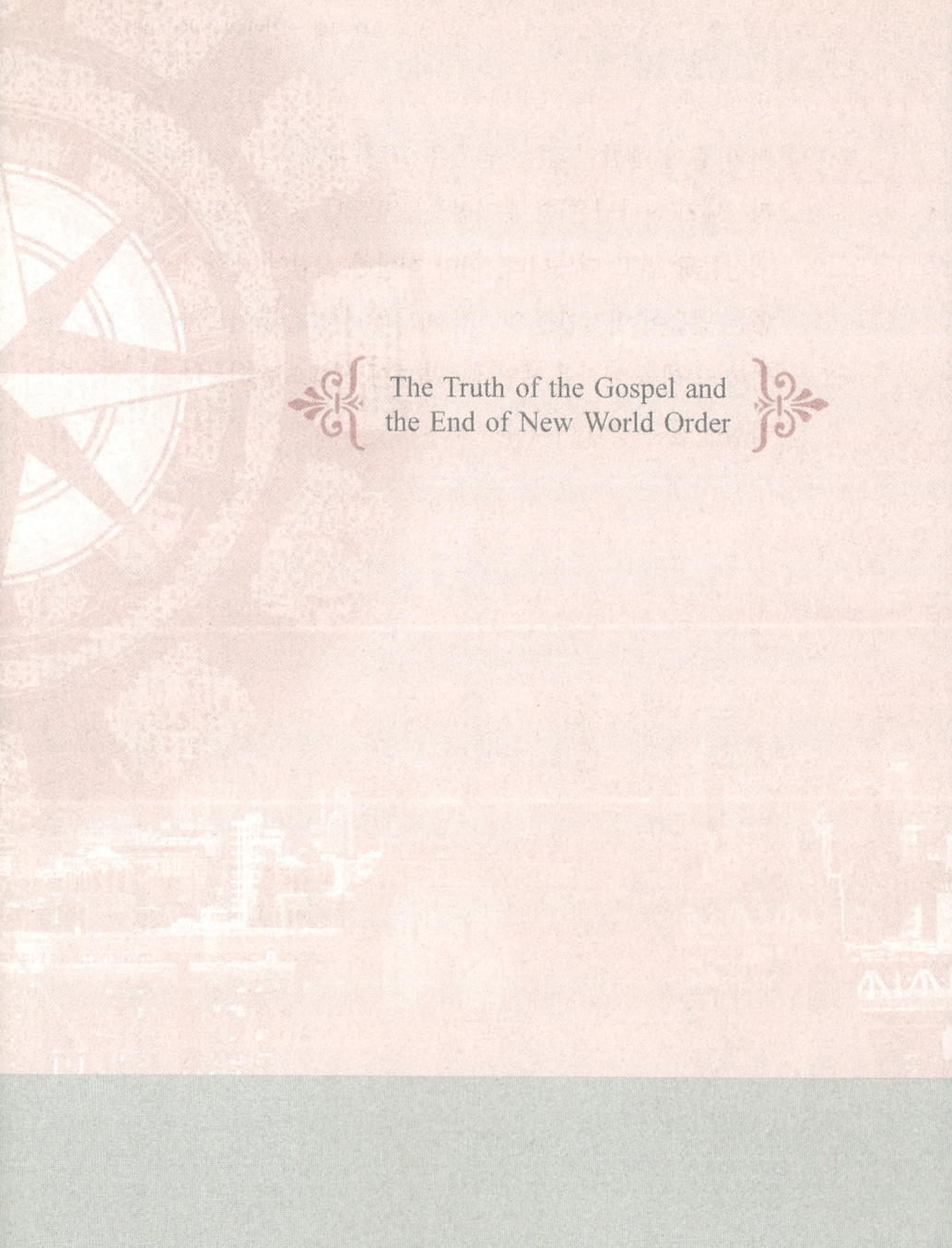

The Truth of the Gospel and
the End of New World Order

4 왜곡된 복음

다른 복음은 없나니
다만 어떤 사람들이 너희를 요란케 하여
그리스도의 복음을 변하려 함이라
(갈 1:7).

오래전 내가 기독교회에 몸담고 있을 때 '복음 = 고린도전서 15:3-4' 이라고 칠판에 써서 복음을 배웠던 기억이 난다.

> 내가 받은 것을 먼저 너희에게 전하였노니 이는 성경대로 그리스도께서 우리 죄를 위하여 죽으시고 장사지낸바 되었다가 성경대로 사흘만에 다시 살아나사(고전 15:3-4).

그리스도께서 우리 죄를 위하여 죽으시고 다시 살아나신 것은 분명 복음이다. 그러나 죽음과 부활의 증험이 없이 이론만을 가르치는 지식은 교리에 불과하며 그것은 영혼에 아무런 유익이 없다.

> 이는 우리 복음이 말로만 너희에게 이른 것이 아니라 오직 능력과 성령과 큰 확신으로 된 것이니(살전 1:5).

창세 때부터 하나님의 말씀을 간교하게 대적한 마귀사단은 그 후에도 하나님을 훼방하기 위하여 사단의 교회들과 거짓 복음을 만들어 세상에 널리 전파해왔다. 그 가운데 굴지의 교세를 가지고 있는 가톨릭, 몰몬교, 킹제임스, 여호와 증인, 회복역 등은 성령의 감동으로 기록된 본디 성경의 근본적 진리를 희석하고 복음을 교묘히 왜곡하기 위하여 그들의 이름으로 다른 성경

4. 왜곡된 복음

을 만들어 수많은 영혼을 노략질하고 있다.

> 그리스도의 은혜로 너희를 부르신 이를 이같이 속히 떠나 다른 복음 좇는 것을 내가 이상히 여기노라 다른 복음은 없나니 다만 어떤 사람들이 너희를 요란케하여 그리스도의 복음을 변하려 함이라 그러나 우리나 혹 하늘로부터 온 천사라도 우리가 너희에게 전한 복음 외에 다른 복음을 전하면 저주를 받을찌어다 우리가 전에 말하였거니와 내가 지금 다시 말하노니 만일 누구든지 너희의 받은 것 외에 다른 복음을 전하면 저주를 받을찌어다(갈 1:6-9).

그중에 진리와 가장 유사하게 변조한 교리는 구원의 원리가 되는 예수 그리스도의 복음에 관한 것이다.

즉, 이천여 년 전에 예수님이 우리 죄를 위하여 십자가에서 죽으심으로 구원을 다 이루어 놓으셨으니 이제 마음으로 믿고 입으로 시인하기만 하면 누구든지 구원을 받을 수 있다는 구원의 교리가 그것이다.

> 네가 만일 네 입으로 예수를 주로 시인하며 하나님께서 그를 죽은 자 가운데서 살리신 것을 네 마음에 믿으면 구원을 얻으리니 사람이 마음으로 믿어 의에 이르고 입

으로 시인하여 구원에 이르느니라(롬 10:9-10).

믿음과 행함으로라야 구원에 이르게 되는 복음의 섭리를 이르신 하나님의 말씀을 소경인 기독인들은 문자대로 이해하여 많은 사람을 그들에게 이끌 수 있는 '값없는 구원의 교리'를 만든 것이다. 이렇게 참 복음을 모방하여 만든 거짓 복음을 영이 없는 사람들이 분별하는 것은 유정란과 무정란을 외형으로 구별하는 것 같이 어려운 일이라서 안타깝게도 많은 사람이 거짓 복음에 속아 그들의 영혼을 유린당하고 있다. 하지만 그리스도의 복음은 영으로라야 분별하는 신령한 것으로써 모든 사람의 것이 아니다.

> 우리가 이것을 말하거니와 사람의 지혜로 가르친 말로 아니하고 오직 성령의 가르치신 것으로 하니 신령한 일은 신령한 것으로 분별하느니라 육에 속한 사람은 하나님의 성령의 일을 받지 아니하나니 저희에게는 미련하게 보임이요 깨닫지도 못하나니 이런 일은 영적으로라야 분별함이니라(고전 2:13-14).

성령이 없는 기독인들은 하나님의 전체적인 뜻을 모르고 그들 교리에 필요한 부분적인 말씀만을 알 뿐이며 그 단순한 지식 위에 믿음의 뿌리를 내린다. 때문에 주 예수께서 십자가 위에서

운명하시기 전에 "다 이루었다" 하신 말씀을 그들은 그들 자신의 구원으로 받아들이고 구원을 확신한다. 예수님이 다 이루었다 하심은 창세전부터 염원하셨던 하나님의 거룩하신 뜻, 그 구원의 역사를 이루어 내신 개가이며 죄의 몸이 심판을 받음으로 영의 몸으로 다시 사는 진리를 우리에게 본을 보여 그 자취를 따라오게 하시려고 복음을 완성하신 쾌거인 것이다.

> 이를 위하여 너희가 부르심을 입었으니 그리스도도 너희를 위하여 고난을 받으사 너희에게 본을 끼쳐 그 자취를 따라오게 하려 하셨느니라(벧전 2:21).

예수님의 발자취를 따라오게 하시려고 그리스도로 구원의 길을 열어 놓으신 하나님의 사랑이 우리에게 값없는 은혜이지만 그 자체가 개인 구원의 완성은 아니다.

뉴질랜드 남섬에는 세계에서 가장 아름다운 관광명소 중 하나로 알려진 밀포드 사운드가 있다. 이곳에 가려면 사람들의 손으로 깎아 만든 돌 터널을 통과해야만 한다. 밀포드로 가는 이 유일한 길이 석공들의 희생으로 닦여졌을 지라도 시간과 물질을 들여 그 길을 통행하지 아니하고는 밀포드 사운드의 비경을 만날 수 없다.

이와 같이 이천여 년 전에 예수께서 구원의 산 길을 열어 놓으시기 위하여 그 몸이 희생되셨을지라도 예수님의 가신 발자취를 따라 그 길을 행치 않는다면 결코 하나님의 나라에 이를 수 없다.

행함이 없는 믿음은 그 자체가 죽은 것이라 하심이 이 때문이다. 하나님이 인정하시는 믿음은 행함으로라야 완성된다. 경에 기록된 모든 믿음의 선조들의 삶이 한결같이 이를 증거하고 있다.

> 네가 보거니와 믿음이 그의 행함과 함께 일하고 행함으로 믿음이 온전케 되었느니라 이에 경에 이른바 아브라함이 하나님을 믿으니 이것을 의로 여기셨다는 말씀이 응하였고 그는 하나님의 벗이라 칭함을 받았나니 이로 보건대 사람이 행함으로 의롭다 하심을 받고 믿음으로만 아니니라 또 이와 같이 기생 라합이 사자를 접대하여 다른 길로 나가게 할 때에 행함으로 의롭다 하심을 받은 것이 아니냐 영혼 없는 몸이 죽은 것 같이 행함이 없는 믿음은 죽은 것이니라(약 2:22-26).

벌써 옛적 일이다. 기독교회에 다니고 있을 때 나는 그 교리의 복음으로 구원을 확신하며 교회에서 일등 구령 상담자로 거의 매주일 영혼을 구령했었다.

설교가 끝나면 찬송 멜로디가 은은히 울려 퍼지는 가운데 설교자는 처음 교회에 나온 사람을 손을 들어 그 자리에서 일어서게 하고 강대상 앞으로 그들을 초대한다. 기다리고 있던 상담자들은 그들을 한 명씩 방으로 데리고 들어가 죄의 인식, 하나님의 사랑, 회개, 영접, 확신의 다섯 단계의 구원의 공식을 대략 일이십 분에 걸쳐 전한 후 회개 기도를 권유한다. 이때 기도할 줄 몰라 하는 대부분의 사람들에게 상담자는 "예수님 저는 죄인입니다. 오늘 회개하고 예수님을 마음에 영접합니다"라는 내용의 기도를 복창하게 한다. 그런 후에 구원 받았다는 몇 구절의 확신의 말씀을 찾아주고 이제는 사망에서 생명으로 옮겨졌고 의인이 된 것을 축하하며 상담실에서 나온다. 말하기조차 부끄러운 십 원보다 못한 구원은 황당무계한 마귀의 장난이다.

만일 머리만 끄덕여서 일순간에 받는 그들의 값없는 구원이 참이라면 "그러나 여자들이 만일 정절로써 믿음과 사랑과 거룩함에 거하면 그 해산함으로 구원을 얻으리라"(딤전 2:15)하신 하나님의 말씀은 거짓이 되어야 하고 "우리가 하나님의 나라에 들어가려면 많은 환난을 겪어야 할 것이라"(행 14:22)하신 말씀은 폐하여져야 할 것이다.

성경을 유의해 보라. 식언치 아니하시는 하나님은 육신의 고난을 받은 자가 죄를 그치고 죄를 그친 후에야 하나님의 뜻을 행하여 마침내 영광에 이르게 되는 진리를 사실적으로, 비유적으로, 계시적으로, 성경 육십육 권 전체를 통하여 말씀하고 계신다.

그리스도께서 이미 육체의 고난을 받으셨으니 너희도

> 같은 마음으로 갑옷을 삼으라 이는 육신의 고난을 받은 자가 죄를 그쳤음이니 그 후로는 다시 사람의 정욕을 좇지 않고 오직 하나님의 뜻을 좇아 육체의 남은 때를 살게 하려 함이라(벧전 4:1-2).

공장에서 생산되는 상품처럼 교회에서 이렇게 만들어지는 수많은 의인은 구원을 받은 후에도 여전히 마귀에게 속하여 우상을 숭배하고 세상과 간음하며 죄 가운데서 담대히 살아간다. 이는 그들이 죄에 대하여 영에 대하여 들어본 적이 없고 때문에 마귀의 권세에서 벗어나지 못한 까닭이다. 전하는 자가 없는데 어찌 들을 수 있으며 알지 못하는 것을 어떻게 전할 수 있을까. 육에 속한 사람은 육신의 상관된 계명을 전할 수밖에 없고 영에 속한 사람은 영의 말씀을 전할 수밖에 없다.

> 나 여호와가 말하노라 몽사를 얻은 선지자는 몽사를 말할 것이요 내말을 받은 자는 성실함으로 내말을 말할 것이라. 겨와 밀을 어찌 비교하겠느냐 나 여호와가 말하노라 내말이 불같지 아니하냐 반석을 쳐서 부서뜨리는 방망이 같지 아니하냐 나 여호와가 말하노라 그러므로 보라 서로 내말을 도적질하는 선지자들을 내가 치리라 나 여호와가 말하노라 보라 그들이 혀를 놀려 그가 말씀하셨다하는 선지자들을 내가 치리라 나 여호와가

> 말하노라 보라 거짓몽사를 예언하여 이르며 거짓과 헛된 자만으로 내 백성을 미혹케 하는 자를 내가 치리라 내가 그들을 보내지 아니하였으며 명하지 아니하였나니 그들이 이 백성에게 아무 유익이 없느니라 여호와의 말이니라(렘 23:28-32).

세상 많은 나라가 각기 그들 고유의 언어가 있듯이 죽음과 부활의 복음은 하나님 나라의 방언이므로 세상 나라의 사람들은 이 영의 언어를 알아들을 수 없고 깨달을 수도 없으므로 외면하거나 또는 거부한다. 그럴지라도 그리스도의 복음의 진실을 말하지 않을 수 없는 것은 심판 날에 주 예수의 복음을 복종치 아니하는 자는 영원한 멸망의 형벌을 받게 되기 때문이다.

> 주 예수께서 저의 능력의 천사들과 함께 하늘로부터 불꽃 중에 나타나실 때에 하나님을 모르는 자들과 우리 주 예수의 복음을 복종치 않는 자들에게 형벌을 주시리니 이런 자들이 주의 얼굴과 그의 힘의 영광을 떠나 영원한 멸망의 형벌을 받으리로다(살후 1:7-9).

복음의 진실과 신세계 질서의 종말

제4부

하나님의 교회와 사단의 회

The Truth of the Gospel and
the End of New World Order

1 하나님의 나라, 새 하늘과 새 땅

이 열 왕의 때에
하늘의 하나님이 한 나라를 세우시리니
이것은 영원히 망하지도 아니할 것이요
그 국권이 다른 백성에게로
돌아가지도 아니할 것이요
도리어 이 모든 나라를 쳐서 멸하고
영원히 설 것이라
(단 2:44).

"할머니, 하나님의 나라가 어디있어요? 저기 있어요?" 어린 손자 녀석이 손가락으로 하늘을 가리키며 나에게 물었다. "으응, 하나님의 나라는 저기 있지 않고 할머니의 마음속에 있어." 나는 손바닥을 가슴에 갖다 대며 대답해 주었다. 하나님의 나라는 물리적인 하늘 어디에 존재하는 추상적인 나라가 아니라 믿는 자 안에 실존하는 하나님의 세계이다.

> 바리새인들이 하나님의 나라가 어느 때에 임하나이까 묻거늘 예수께서 대답하여 가라사대 하나님의 나라는 볼 수 있게 임하는 것이 아니요 또 여기있다 저기 있다고도 못하리니 하나님의 나라는 너희 안에 있느니라 (눅 17:20-21).

하나님의 나라가 믿는 자 안에 있다함은 "너희가 하나님의 성전인 것과 하나님의 성령이 너희 안에 거하시는 것을 알지 못하느뇨"(고전 3:16)라는 말씀처럼 하나님께서 그의 도를 행하는 믿은 자들로 그의 처소를 삼기 위해 성령으로 임하시는 것을 뜻하며 성령이 임하신 성전이 하나님의 나라이다.

세상 많은 나라 가운데서 이스라엘 백성을 선민으로 택하신 것은 그들로 하나님의 영원히 거하실 처소를 삼기 위하심이었다.

> 여호와께서 시온을 택하시고 자기 거처를 삼고자 하여
> 이르시기를 이는 나의 영원히 쉴 곳이라 내가 여기 거
> 할 것은 이를 원하였음이로다(시 132:13-14).

이스라엘을 택하셨던 하나님은 이제도 하나님의 도를 지키는 자들을 택하여 그들로 하나님의 성전, 그의 나라를 삼으신다. 하나님의 나라는 사단을 섬기며 우상숭배 하는 사람들 안에 존재하지 않는다. 때문에 세상 사람들은 천국은 하늘 높은 곳 어디에 위치해 있는 줄로 추상적으로 생각한다. 예수님은 이러한 육의 사람들에게 천국을 어떻게 가르칠까 안타까워하시며 사람이 채소밭에 갔다 심은 겨자씨 한 알에 비유하셨고 여자가 가루 서 말 속에 갖다 넣은 누룩으로 설명하셨다.

> 그러므로 가라사대 하나님의 나라가 무엇과 같을꼬 내
> 가 무엇으로 비할꼬 마치 사람이 자기 채전에 갔다 심
> 은 겨자씨 한 알 같으니 자라 나무가되어 공중의 새들
> 이 그 가지에 깃들였느니라 또 가라사대 내가 하나님의
> 나라를 무엇으로 비할꼬 마치 여자가 가루 서 말 속에
> 갔다 넣어 전부 부풀게 한 누룩과 같으니라 하셨더라
> (눅 13:19-21).

모든 씨보다 작은 겨자씨, 그러나 자란 후에는 나무가 되어

새들이 그 가지에 깃드는 생명의 씨앗, 이것이 하나님의 나라이다. 이 진리를 구약 시대에는 주의 기업의 산, 가나안 땅에 심으려고 애굽에서 인도하여 내신 이스라엘 백성으로 계시하고 있다.

> 주께서 백성을 인도하사 그들을 주의 기업의 산에 심으시리이다 여호와여 이는 주의 처소를 삼으시려고 예비하신 것이라 주여 이것이 주의 손으로 세우신 성소로소이다 여호와의 다스리심이 영원무궁하시도다(출 15:17-18).

그러나 하나님의 택하신 선민, 이스라엘 백성은 슬프게도 그들의 열조와 자기들의 죄 값으로 이방나라 애굽에 팔려 사백삼십 년간 바로를 섬기며 종 된 삶을 살았다. 농사짓기와 흙으깨기와 벽돌 굽기를 하며 애굽 왕 바로를 위하여 국고성 비돔과 라암셋을 건축하며 고역의 삶을 살았던 것이다. 이러한 이스라엘 백성들의 모습은 하나님의 형상으로 지음받은 인간이 죄를 지은 까닭에 세상 임금 마귀가 집권하는 세상에 팔려와 그들을 위해 종 된 삶을 살아가는 수고로운 인생을 그린 것이다.

위정자들은 그들을 위하여 나라를 정치하고 박사들은 그들의 목적하는바 세계를 위하여 문명과 문화를 만들고 군사들은 그들의 정권을 위해 전쟁에 나가 싸워 죽기도 하고 때로는 테러에

희생되기도 하며 젊은이들은 그들의 경영에 이바지할 초등학문을 교육 받으며 기업인들은 그들에게 상납할 세금과 뇌물을 위하여 사업하며 종국에는 온전히 그들의 노예로 삼으려는 것이 세상 임금의 정권 전략이다.

백성을 압제, 학대하는 이러한 권력자의 정책은 하나님의 다스리심을 거부하며 열방과 같이 왕을 구한 이스라엘 백성에게 하나님께서 이미 가르치신 왕의 제도인 것이다.

> 가로되 너희를 다스릴 왕의 제도가 이러하니라 그가 너희 아들들을 취하여 그 병거와 말을 어거케 하리니 그들이 그 병거 앞에서 달릴 것이며 그가 또 너희 아들들로 천부장과 오십부장을 삼을 것이며 자기 밭을 갈게 하고 자기 추수를 하게 할 것이며 자기 병거와 병거의 제구를 만들게 할 것이며 그가 또 너희 딸들을 취하여 향료 만드는 자와 요리하는 자와 떡 굽는 자를 삼을 것이며 그가 또 너희 밭과 포도원과 감람원의 제일 좋은 것을 취하여 자기 신하들에게 줄 것이며 그가 또 너희 곡식과 포도원 소산의 십일조를 취하여 자기 관리와 신하에게 줄 것이며 그가 또 너희 노비와 가장 아름다운 소년과 나귀들을 취하여 자기 일을 시킬 것이며 너희 양떼의 십분의 일을 취하리니 너희가 그 종이 될 것이라(삼상 8:11-17).

그러나 이스라엘 백성은 하나님께서 사무엘에게 이르신 왕의 제도를 듣지 아니하고 기어이 열방과 같이 그들을 다스릴 왕을 구했다.

하나님은 "사무엘에게 이르시되 백성이 네게 한 말을 다 들으라 그들이 너를 버림이 아니요 나를 버려 자기들의 왕이 되지 못하게 함이니라"(삼상 8:7)하시며 분노로 그들에게 왕을 주셨다.

> 이스라엘아 네가 패망하였나니 이는 너를 도와주는 나를 대적함이니라 전에 네가 이르기를 내게 왕과 방백들을 주소서 하였느니라 네 모든 성읍에서 너를 구원할 자 네 왕이 이제 어디 있으며 네 재판장들이 어디있느냐 내가 분노함으로 네게 왕을 주고 진노함으로 폐하였노라(호 13:9-11).

하나님께서 분노하심으로 그들에게 허락하신 왕은 다른 사람보다 어깨 위나 키가 크고 스스로 낮아져서 행구사이에 숨었던 사울이었다. 그러나 왕좌에 앉은 그는 잠시 후에 악신이 들려 목숨 걸고 다윗을 죽이려 했던 사람으로서 예수 그리스도를 죽이고 그의 나라를 말살시키려는 적그리스도를 계시하는 자이다. 이스라엘 사람들이 모든 재난과 고통 중에서 그들을 구원해줄 왕을 구했듯이 이 시대 사람들 역시 경제적, 정치적 위기에 처한 오늘의 난국을 해결해줄 구원자 메시아를 기다리고 있다. 위기와 공포, 혼란 속에서 뭇사람들의 환호를 받으며 왕위에 오를 이 시대의 왕, 적그리스도를 잠시 후에 우리 모두는 목도하게 될 것이다.

다윗을 죽이려는 사울의 집념 속에서도 다윗의 집은 점점 강하여 가고 사울의 집은 점점 약하여 갔던 것처럼 예수 그리스도의 나라는 점점 강하여져서 영구한 영광에 이를 것이나 적그리스도의 나라는 점점 쇠하여져서 멸망에 이르게 될 것이다.

하나님은 그의 백성에게 이 불법한 자에게서 떠나서 스스로 정결케 하라고 말씀하신다. 악한 자의 속박에서 벗어나는 것이 궁극적 구원이다.

> 너희는 떠날 지어다 떠날 지어다 거기서 나오고 부정한 것을 만지지 말지어다 그 가운데서 나올찌어다 여호와의 기구를 메는 자여 스스로 정결케 할찌어다(사 52:11).

이스라엘 자손은 고역으로 인하여 탄식하며 하나님께 부르짖었다. 하나님이 그들의 고통소리를 들으시고 편 팔과 강한 손으로 기적을 베푸사 그들을 바로의 고역 밑에서 이끌어내셨다. 그들의 뒤를 쫓는 애굽 군사들을 깊은 물에 수장시키시고 이스라엘 백성을 출애굽 시키신 것은 그들의 열조와 약속하신 젖과 꿀이 흐르는 가나안 땅에 그들을 심기 위하심이었다.

여호와께서 아브람에게 이르시되 너는 정녕히 알라 네 자손이 이방에서 객이 되어 그들을 섬기겠고 그들은 사백년 동안 네 자손을 괴롭게 하리니 그 섬기는 나라를 내가 징치 할 찌며 그 후에 네 자손이 큰 재물을 이끌고 나오리라(창 15:13-14).

아브라함에게 하신 하나님의 언약이 악한 세대에서 그의 백성을 이끌어내시어 새 하늘과 새 땅의 하나님의 나라를 기업으로 주실 구원의 예표이다.

그는 그 언약 곧 천대에 명하신 말씀을 영원히 기억하셨으니 이것은 아브라함에게 하신 언약이며 이삭에게 하신 맹세며 야곱에게 세우신 율례 곧 이스라엘에게 하신 영영한 언약이라 이르시기를 내가 가나안 땅을 네게 주어 너희 기업의 지경이 되게 하리라 하셨도다(시 105:8-11).

그러나 이스라엘 백성은 "우리가 두루 다니며 탐지한 땅은 그 거민을 삼키는 땅이요 거기서 본 모든 백성은 신장이 장대한 자들이며 거기서 또 네피림 후손 아낙 자손 대장부들을 보았나이다. 우리는 스스로 보기에도 메뚜기 같으니 그들의 보기에도 그와 같았을 것이니이다"(민 13:32, 33)하며 본토에 살고 있는 아낙 자손을 두려워하며 그 땅으로 올라가기를 거부했다. 눈에 보이는 대로 장대한 가나안 인들을 두려워했던 그들은 약속의 땅에 능히 들어가지 못하고 광야에 엎드러져 죽었거니와 '네피림 후손 아낙자손 대장부'를 두려워하지 아니하고 하나님을 믿음으로 그 땅으로 올라간 남은 백성에게 언약의 하나님은 젖과 꿀이 흐르는 약속의 가나안 땅을 허락해 주셨다.

인내하며 고난의 40년 광야를 통과한 남은 이스라엘 백성이 들어가서 얻은 가나안 땅은 적그리스도의 시대를 고난스럽게 이겨낸 하나님의 남은 백성에게 유업으로 주실 새 하늘과 새 땅을 계시한다. 악한 자들이 설계하고 있는 적그리스도의 신세계는 하나님의 나라, 새 하늘과 새 땅을 모방한 것이다.

그러나 그의 나라는 질병과 고통, 저주와 사망이 목자가 되어 멸망으로 나아갈 것이나 처음 하늘과 처음 땅을 폐하시고 만물을 새롭게 하시는 하나님의 나라는 슬픔과 눈물이 없고 아픈 것이나 사망이 다시 있지 아니하는 영원히 안식하는 나라이다. 그 국권이 다른 백성에게로 돌아가지 아니하는 영원한 하나님의 나라, 새 하늘과 새 땅은 마지막 시대를 힘겹게 살아가는 하나님의 백성의 소망이요 위로이다.

> 또 내가 새 하늘과 새 땅을 보니 처음 하늘과 처음 땅이 없어졌고 바다도 다시 있지 않더라…내가 들으니 보좌에서 큰 음성이 나서 가로되 보라 하나님의 장막이 사람들과 함께 있으매 하나님이 저희와 함께 거하

시리니 저희는 하나님의 백성이 되고 하나님은 친히 저희와 함께 계셔서 모든 눈물을 그 눈에서 씻기시매 다시 사망이 없고 애통하는 것이나 곡하는 것이나 아픈 것이 다시 있지 아니하리니 처음 것들이 다 지나갔음이러라 보좌에 앉으신 이가 가라사대 보라 내가 만물을 새롭게 하노라…이기는 자는 이것들을 유업으로 얻으리라 나는 저의 하나님이 되고 그는 내 아들이 되리라(계 21:1-7).

2 예수 그리스도의 몸 된 교회

> 이러므로 사람이 부모를 떠나 그 아내와 합하여
> 그 둘이 한 육체가 될찌니 이 비밀이 크도다
> 내가 그리스도와 교회에 대하여 말하노라
> (엡 5:31-32).

◆ 기독교, 그 종교의 터널을 벗어나

 사단의 깊은 것을 몰랐던 시절에 나는 이른바 정통파라 일컫는 침례 교단에 십사여 년간 몸담고 있었다. 그 세월 동안 나는 타의 추종을 불허하리만큼 열심히 교회를 섬겼었다. 그러나 나는 그곳에서 영혼의 보양을 받지 못했고 오히려 진리의 복음과 일치되지 않는 구원관과 하나님의 말씀과 모순되는 목회자들의 행위를 탄식하며 남모르게 고민하기를 수년, 정하신 복역의 때를 마친 후에야 오묘하신 하나님의 섭리로 기독교 그 종교의 터널에서 벗어날 수 있었다. 이 큰 구원은 내게 출애굽의 기적과 같은 하나님의 은혜였다.
 교회란 에클레시아, 구별된 성도의 모임이라고 이론적 지식을 가지고 있었지만 소경이었던 나는 실제로는 물리적 교회를 인지하고 있었기에 종교에서 나온 후에도 세상에서 또다시 예수님 몸 된 교회를 찾아 방황했었다. 간 데마다 거기에는 목사와 교인이 있을 뿐 예수님과 교회가 없었다. 사단의 수하에 있는 세상에서 하나님의 교회를 찾았으니 산 자를 죽은 자 가운데서 찾았던 무지함이었다.
 거리, 교파 상관없이 예수님 몸 된 교회를 찾아 헤매다 끝내 찾지 못한 나는 '이제 하나님께 끊어졌구나' 하는 절망감에 쓰러져 얼마나 통곡했던지 "하나님 저를 이렇게 버리십니까!" 기도가 아닌 절규였다. 그래도 포기할 수 없었다. 한 가닥 붙잡을 것은 하나님 말씀뿐이라 성경을 집어 들고 창세기부터 읽기 시작했다. 창세기 2장을 읽다가 21-24절에 눈이 꽂혔다.

> 여호와 하나님이 아담을 깊이 잠들게 하시니 잠들매 그가 그 갈빗대 하나를 취하고 살로 대신 채우시고 여호와 하나님이 아담에게서 취하신 그 갈빗대로 여자를 만드시고 그를 아담에게로 이끌어 오시니 아담이 가로되 이는 내 뼈 중의 뼈요 살 중의 살이라 이것을 남자에게서 취하였은즉 여자라 칭하리라 하니라 이러므로 남자가 부모를 떠나 그 아내와 연합하여 둘이 한 몸을 이룰찌로다(창 2:21-42).

남자가 그 아내와 연합하여 둘이 한 몸을 이루는 것, 이것이 그리스도와 그의 몸 된 교회인가?! 나는 숨은 보배 함을 혼자 발견한 듯 가슴 두근거리며 관련 성구들을 찾아보았다. 성령께서 비밀한 진리 가운데로 인도하셨다.

> 여호와 하나님이 가라사대 사람이 독처 하는 것이 좋지 못하니 내가 그를 위하여 돕는 배필을 지으리라 하시니라(창 2:18).

그리스도를 보필할 그의 몸 된 교회의 필요성을 계시하신 하나님의 뜻이 여기에 있었다. 아담에게 그를 돕는 배필이 필요했으므로 여호와께서 아담이 깊이 잠든 동안 그의 갈빗대 하나를 빼내어 하와를 만드셨으니 이는 그리스도의 몸을 드려 그 핏 값으로 교회를 사실 하나님의 뜻을 예표한 것이다.

> 너희는 너희 것이 아니라 값으로 산 것이 되었으니 그런 즉 너희 몸으로 하나님께 영광을 돌리라(고전 6:19-20).

그러므로 아담은 하나님의 형상인 그리스도의 표상이요 하와는 아담에게 귀속된 교회의 모형으로써 아담과 하와의 창조 섭리 속에 그리스도와 교회가 있었다.

> 무릇 내 이름으로 일컫는 자 곧 내가 내 영광을 위하여 창조한 자를 오게 하라 그들을 내가 지었고 만들었느니라(사 43:7).

사람은 하나님의 영광을 위하여 창조된 피조물인 것같이 아담의 몸에서 취하신 하와는 아담에게 붙은 그의 지체요 아담은 하와의 근본이 되는 머리이다. 이 머리와 몸의 상합관계로 이루어진 남편과 아내의 결속관계가 그리스도와 교회의 구성 원리이며 아담과 하와의 결합이 태초 교회의 원형인 것이다.

어느 신학대학 총장과 교수가 교회의 기원이 구약에서 시작 되었느니 신약에서 시작되었느니 하는 문제로 논쟁을 벌이다 서로 갈라서게 되었다는 소문을 들었다. 이는 그리스도와 교회에 대한 진리를 알지 못한데서 비롯된 변론이라 보인다. 교회의 기원이 구약 광야교회에서부터 시작된 것도 아니요 신약 안디옥교회에서부터 시작된 것도 물론 아니다. 태초에 여호와 하나님이 만물을 창조하실 그 뜻 안에 이미 교회가 있었다. 삼라만상을 창조하신 목적이 만유의 머리이신 그리스도를 배필할, 그의 몸 될 교회를 세우심으로 만물의 으뜸, 즉 교회의 머리가 되려 하심이다.

> 그는 보이지 아니하시는 하나님의 형상이요 모든 창조물 보다 먼저 나신 자니 만물이 그에게 창조되되 하늘과 땅에서 보이는 것들과 보이지 않는 것들과 혹은 보좌들이나 주관자들이나 정사들이나 권세들이나 만물이 다 그로 말미암았고 그를 위하여 창조되었고 또한 그가 만물보다 먼저 계시고 만물이 그 안에 함께 섰느니라 그는 몸인 교회의 머리라 그가 근본이요 죽은 자들 가운데서 먼저나신자니 이는 친히 만물의 으뜸이 되려 하심이요(골 1:15-18).

내가 기독교에서 배웠던 가르침은 하나님이 제일 먼저 세우신 것이 가정이요 그 다음이 교회이므로 가정이 교회보다 우위에 있다는 것이었다. 이것은 인본주의적 가르침으로 육신적인 사람들에게는 설득력 있는 설교이겠으나 영의 하나님에게는 진노를 불러일으킬 논리이다. 에베소서 5:22-33의 말씀을 자세히 상고해보면 남편과 아내가 결합된 가정을 비유하여 그리스도와 교회를 설명하시는 하나님의 뜻을 어렵지 않게 발견할 수 있다.

> 아내들이여 자기 남편에게 복종하기를 주께 하듯 하라 이는 남편이 아내의 머리됨이 그리스도께서 교회의 머리됨과 같음이니 그가 친히 몸의 구주시니라 그러나 교회가 그리스도에게 하듯 아내들도 범사에 그 남편에게 복종할찌니라 남편들아 아내 사랑하기를 그리스도께서 교회를 사랑하시고 위하여 자신을 주심같이 하라 이는 곧 물로 씻어 말씀으로 깨끗하게 하사 거룩하게 하시고 자기 앞에 영광스러운 교회로 세우사 티나 주름 잡힌 것이나 이런 것들이 없이 거룩하고 흠이 없게 하려 하심이니라 이와 같이 남편들도 자기 아내 사랑하기를 제 몸같이 할찌니 자기 아내를 사랑하는 자는 자기를 사랑하는 것이라 누구든지 언제든지 제 육체를 미워하지 않고 오직 양육하여 보호하기를 그리스도께서 교회를 보양함과 같이 하나니 우리는 그의 몸에 지체임이니라 이러므로 사람이 부모를 떠나 그 아내와 합하여

그 둘이 한 육체가 될지니 이 비밀이 크도다 내가 그리
스도와 교회에 대하여 말하노라 그러나 너희도 각각 자
기의 아내 사랑하기를 자기 같이 하고 아내도 그 남편
을 경외하라(엡 5:22-33).

◆ 나무 밭에서 찾은 교회

이 비밀이 크도다 내가 그리스도와 교회에 대하여 말하
노라(엡 5:32).

가정의 달 부부 메시지로나 결혼 주례사로 흔히 들어왔던 말
씀 속에 그리스도와 교회에 대한 진리가 숨어 있었다. '그리스도
예수와의 연합!' 이것이 교회이다. 여호와의 처소를 애타게 찾아
다녔던 다윗이 그것이 에브라다에 있다함을 들었으나 가까운 나
무밭에서 찾은 것처럼 나는 말씀 속에서 비로소 교회를 찾았다.

저가 여호와께 맹세하며 야곱의 전능자에게 서원하기
를 내가 실로 나의 거하는 장막에 들어가지 아니하며
내 침상에 오르지 아니하며 내 눈으로 잠들게 아니하며
내 눈꺼풀로 졸게 아니하기를 여호와의 처소 곧 야곱의
전능자의 성막을 발견하기까지 하리라 하였나이다 우

> 리가 그것이 에브라다에 있다함을 들었더니 나무밭에서 찾았도다 우리가 그의 성막에 들어가서 그 발등상 앞에서 경배하리로다(시 132:2-7).

14년간 하나님께서 누룩의 불순물이 많은 나를 종교의 거친 들로 데리고 나아가 단련하신 후에 그리스도의 몸 된 교회로 인도하신 것이다. 나는 그제서야 예수 그리스도의 영광스런 아내가 되었다.

> 다시는 너를 버리운 자라 칭하지 아니하며 다시는 네 땅을 황무지라 칭하지 아니하고 오직 너를 헵시바라 하며 네 땅을 쁄라라 하리니 이는 여호와께서 너를 기뻐하실 것이며 네 땅이 결혼한바가 될 것임이라 마치 청년이 처녀와 결혼함 같이 네 아들들이 너를 취하겠고 신랑이 신부를 기뻐함같이 네 하나님이 너를 기뻐하시리라(사 62:4-5).

사람은 하나님의 영광을 위하여 창조된 그의 피조물이므로 사람이 복종하고 섬겨야 할 몸의 구주는 그리스도이시다. 십계명 중 첫째 계명인 "너는 나 외에는 다른 신을 네게 있게 말찌니라"(출 20:3)하신 말씀이 이 까닭이다. 그러나 마치 불순한 아내가 남편을 속이고 다른 남자와 간음하듯 인간은 그들의 머리, 남편 되시는 하나님을 떠나 마귀 사단과 연합하여 그와 한 몸을 이룬 것이다.

> 내가 스스로 말하기를 내가 어떻게 하든지 너를 자녀 중에 두며 허다한 나라 중에 아름다운 산업인 이 낙토를 네게 주리라 하였고 내가 다시 말하기를 너희가 나를 나의 아버지라 하고 나를 떠나지 말것이니라 하였노라 그런데 이스라엘 족속아 마치 아내가 그 남편을 속이고 떠남같이 너희가 정녕히 나를 속였느니라 여호와의 말이니라(렘 3:19-20).

이렇게 창조주 하나님을 배반하고 다른 신을 따라 행음하는 음녀, 하나님은 그 죄인을 찾아 아내 삼기 위하여 그리스도 예수를 세상에 보내실 그의 뜻을 호세아에서 비로소 나타내셨다.

> 여호와께서 비로소 호세아로 말씀하시니라 여호아께서 호세아에게 이르시되 너는 가서 음란한 아내를 취하여 음란한 자식을 낳으라 이 나라가 여호와를 떠나 크게 행음함이니라(호 1:2).

호세아는 하나님의 말씀대로 음란한 여인 고멜을 취하여 아내를 삼고 딸을 낳아 하나님께서 명하신대로 이름을 로루하마라 하였으니 이는 내가 다시는 이스라엘 족속을 긍휼히 여기지 않을 것이라는 뜻이다. 또 고멜이 로루하마를 젖 뗀 후에 다시 잉태하여 아들을 낳아 그 이름을 로암미라 하였으니 이는 너희는 내 백성이 아니요 나는 너희 하나님이 되지 않을 것이라는 뜻이다. 이는 "먼저는 신령한 자가 아니요 육 있는 자요 그 다음에 신령한 자니라"(고전 15:46)하신 진리대로 하나님은 남편을 속이고 떠난 아내에게 먼저는 징계를 가하신 것이다. 이는 그들이 패역하여 연애하는 자를 음란히 좇았기 때문이다.

> 저희의 어미는 행음하였고 저희를 배었던 자가 부끄러운 일을 행하였나니 대저 저가 이르기를 나는 나를 연애하는 자들을 따르리니 저희가 내 떡과 내 물과 내 양털과 내 삼과 내 기름과 내 술들을 내게 준다하였느니라 그러므로 내가 가시로 그 길을 막으며 담을 쌓아 저로 그 길을 찾지 못하게 하리니 저가 그 연애하는 자를 따라갈지라도 미치지 못하며 저희를 찾을지라도 만나지 못할 것이라 그제야 저가 이르기를 내가 본 남편에게로 돌아가리니 그때의 내 형편이 지금보다 나았음이라 하리라(호 2:5-7).

이와 같이 육신의 남편이든 자식이든 또는 물질이든 종교이든 사람이 그 연애하는 자를 열렬히 따라갈 찌라도 그것에 결코 미치지 못하는 까닭은 그것은 참 의지해야 할 인간의 진정한 남편이 아니기 때문이다. 인간이 사모해야 할 완전한 남편은 만유의 머리가 되시는 그리스도 예수이시다. 인생이 허무와 낭패의 쓴잔을 마시고 죄의 값을 지불한 후에 본 남편에게로 돌아오면 그제야 하나님께서 너희는 내 백성이 아니라한 그곳에서 다시 너희는 내 백성이 되리라 하신다.

> 전에 저희에게 이르기를 너희는 내 백성이 아니라한 그곳에서 저희에게 이르기를 너희는 사신 하나님의 자녀라 할 것이라…너희 형제에게는 암미라 하고 너희 자매에게는 루하마라 하라(호 1:10-2:1).

호세아와 음란한 고멜이 이룬 가정은 하나님을 배반하고 다른 신을 좇은 행음한 인간이 그 죄 가운데서 떠나 진실한 남편, 그리스도 예수에게로 돌아오면 은총과 긍휼로 그를 다시 아내로 맞아 그리스도와 함께 영원한 안식을 누리게 될 그리스도와 교회를 그린 청사진이다.

> 여호와께서 이르시되 그날에 네가 나를 내 남편이라 일컫고 다시는 내 바알이라 일컫지 아니하리라 내가 바알들의 이름을 저의 입에서 제하여 다시는 그 이름을 기억하여 일컬음이 없게 하리라 그날에는 내가 저희를 위

하여 들짐승과 공중의 새와 땅의 곤충으로 더불어 언약을 세우며 또 이 땅에서 활과 칼을 꺾어 전쟁을 없이하고 저희로 평안히 눕게 하리라 내가 네게 장가들어 영원히 살되 의와 공변됨과 은총과 긍휼히 여김으로 네게 장가들며 진실함으로 네게 장가들리니 네가 여호와를 알리라(호 2:16-20).

3 세상 교회는 사단의 회

내가 네 환난과 궁핍을 아노니
실상은 네가 부요한 자니라
자칭 유대인이라 하는 자들의 훼방도 아노니
실상은 유대인이 아니요 사단의 회라
(계 2:9).

◆ 이기고 또 이기려는 흰 말

뉴질랜드 교민 사회는 기독교회를 구심점으로 이루어져 있다. 때문에 초면인 한인을 만날 때면 "교회에 다니세요?"라는 질문을 간혹 받곤 한다. "교회는 다니는 것이 아니지요. 집에서 예배드리고 있어요" 라고 나는 대답한다. 상대방은 이상한 눈빛으로 나를 쳐다보며 곧 말문을 닫는다. 이는 세상에서 왜곡되어 있는 많은 진리 중에 또 하나가 교회에 대한 인식임을 증명하는 사례이다.

교회는 다니는 장소나 건물이 아니다. 교회는 만유의 머리이신 예수 그리스도께 지체로 결속되어 있는 하나님의 가족을 일컫는 말이다. 이렇게 그리스도 예수와 연합되어있는 지역적 무리를 교회라 부르나 세상과 분리되어 거기서 따로 나와 있는 그리스도의 교회, 즉 하나님의 나라를 부르는 총칭은 하나님의 총회이다. 그러나 세상은 그리스도 예수와 상관없이 십자가 간판 아래 목사와 교인으로 구성된 사람의 조직체를 교회라 인식하며 또 사람들은 그것이 사회에서 인가받은 정통파 교단에 속해 있느냐로 교회의 정당성 여부를 가늠한다.

예수님 당시 이스라엘 백성 역시 그 시대의 정통파인 유대교에 속하지 아니한 예수님과 그의 제자들을 이단으로 정죄하여 죽음에 넘기었듯이 이 시대 또한 정작 이단에 속한 교회이든 예수님 몸 된 교회이든 정통파 교단에 속해있지 않는 교회를 싸잡아 이단시 여기는 편견을 가지고 있다.

하나님이 세우신 그리스도를 머리로 한 예수님 몸 된 교회는 많은 지체를 가지고 있으나 몸은 하나이다. 그러나 세상에는 그 수를 헤아릴 수 없을 만큼 많은 종파와 또 거기서 찢겨져 나온 교파들이 우후죽순처럼 난립해있다.

구교, 신교, 또 그 숱한 종교들을 하나님께서 언제 만드셨으며 장로교, 감리교, 성결교, 침례교 등 기독교에서 소위 정통파라 일컫는 교파가 성경 어디에 기록되어 있는가? 그러면 고운 빛깔의 독버섯처럼 지상 위에서 솟아난 이 많은 종교들과 교파들을 과연 누가 만들었단 말인가? 이것은 하나님의 원수 마귀 사단의 산물이다.

> 예수께서 그들 앞에 또 비유를 들어 이르시되 천국은 좋은 씨를 제 밭에 뿌린 사람과 같으니 사람들이 잘 때에 그 원수가 와서 곡식 가운데 가라지를 덧뿌리고 갔더니 싹이 나고 결실할 때 가라지도 보이거늘 집 주인의 종들이 와서 말하되 주여 밭에 좋은 씨를 뿌리지 아니하였나이까 그런데 가라지가 어디서 생겼나이까(마 13:24~27).

나는 사단의 근본적 역사를 계시록에서 찾아보고자 한다.

내가 보매 어린양이 일곱인 중에 하나를 떼시는 그때에 내가 들으니 네 생물 중에 하나가 우뢰소리같이 말하되 오라 하기로 내가 이에 보니 흰말이 있는데 그 탄자가 활을 가졌고 면류관을 받고 나가서 이기고 또 이기려고 하더라 둘째 인을 떼실 때에 내가 들으니 둘째 생물이 말하되 오라 하더니 이에 붉은 다른 말이 나오더라 그 탄자가 허락을 받아 땅에서 화평을 제하여 버리며 서로 죽이게 하고 또 큰 칼을 받았더라 셋째 인을 떼실 때에 내가 들으니 셋째 생물이 말하되 오라 하기로 내가 보니 검은말이 나오는데 그 탄자가 손에 저울을 가졌더라 내가 네 생물 사이로써 나는 듯 하는 음성을 들으니 가로되 한 데나리온에 밀 한 되요 한 데나리온에 보리 석 되로다 또 감람유와 포도주는 해치 말라 하더라 네째 인을 떼실 때에 내가 네째 생물의 음성을 들으니 가로되 오라 하기로 내가 보매 청황색 말이 나오는데 그 탄자의 이름은 사망이니 음부가 그 뒤를 따르더라 저희가 땅 사분 일의 권세를 얻어 검과 흉년과 사망과 땅의 짐승으로써 죽이더라(계 6:1-8).

하나님께서 요한에게 이상 중에 보이신 흰말, 붉은말, 검은말, 청황색 말은 인류를 멸하기 위하여 세상에 나온 사단의 사역으로써 적그리스도, 전쟁, 기근, 사망을 계시하며 이 중에 제일 먼저 등장하는 흰말은 백마를 타고 오실 예수 그리스도를 모방한 적그리스도를 계시한다. 또 그가 활과 면류관을 받고 나가서 이기고 또 이기려한다 함은 훗날 머리에 만왕의 왕의 면류관을 쓰시고 철창으로 만국을 다스리기 위해 백마를 타고 세상에 다시 오실 예수 그리스도를 흉내 내어 전쟁, 기근, 사망의 흉기로 인류를 멸망케 하려는 적그리스도의 권세를 계시한다.

> 또 내가 하늘이 열린 것을 보니 보라 백마와 탄자가 있으니 그 이름은 충신과 진실이라 그가 공의로 심판하며 싸우더라 그 눈이 불꽃 같고 그 머리에 많은 면류관이 있고 또 이름 쓴 것이 하나가 있으니 자기 밖에 아는 자가 없고 또 그가 피 뿌린 옷을 입었는데 그 이름은 하나님의 말씀이라 칭하더라 하늘에 있는 군대들이 희고 깨끗한 세마포를 입고 백마를 타고 그를 따르더라 그 입에서 이한 검이 나오니 그것으로 만국을 치겠고 친히 저희를 철창으로 다스리며 또 친히 하나님 곧 전능하신 이의 맹렬한 진노의 포도주 틀을 밟겠고 그 옷과 그 다리에 이름 쓴 것이 있으니 만왕의 왕이요 만주의 주라 하였더라(계 19:11-16).

적그리스도란 하나님의 아들 예수 그리스도를 위장한 사단의 아들로써 예수 그리스도의 보좌를 빼앗기 위해 범사에 그리스도처럼 행사하는 거짓 그리스도를 말한다. 세상에서도 반역을 일으켜 권좌를 빼앗으려는 반역자들을 엄벌에 처단 하듯이 이적으로 인류를 미혹하여 지극히 높으신 자의 자리에 앉으려 했던 적그리스도와 그를 따르던 거짓 선지자들을 산 채로 잡아서 유황 불못에 던지리라고 재판장이신 하나님은 말씀하신다.

> 또 내가 보매 그 짐승과 땅의 임금들과 그 군대들이 모여 그 말 탄 자와 그의 군대로 더불어 전쟁을 일으키다가 짐승이 잡히고 그 앞에서 이적을 행하던 거짓 선지자도 함께 잡혔으니 이는 짐승의 표를 받고 그의 우상에게 경배하던 자들을 이적으로 미혹하던 자라 이 둘이 산 채로 유황 불 붙는 못에 던지우고 그 나머지는 말 탄 자의 입으로 나오는 검에 죽으매 모든 새가 그 고기로 배불리우더라(계 19:19-21).

예수 그리스도의 영광스런 보좌에 함께 앉을 자는 스스로 영광을 얻기 위하여 그리스도의 보좌를 빼앗으려는 교만한 자가 아니라 머리 되시는 예수 그리스도의 몸에 붙어 겸손히 그가 공급하시는 영과 힘으로 악한 세상을 이겨낸 자들이다.

> 볼찌어다 내가 문 밖에 서서 두드리노니 누구든지 내 음성을 듣고 문을 열면 내가 그에게로 들어가 그로 더불

어 먹고 그는 나로 더불어 먹으리라 이기는 그에게는 내가 내 보좌에 함께 앉게 하여주기를 내가 이기고 아버지 보좌에 함께 앉은 것과 같이 하리라 귀있는 자는 성령이 교회들에게 하시는 말씀을 들을찌어다(계 3:20-22).

◆ 실상은 유대인이 아닌 사단의 회

그러나 적그리스도는 예수 그리스도께서 이 땅에 그의 몸 된 교회를 세워 교회의 머리가 되셨듯이 그 역시 세상 교회들의 머리가 되기 위하여 모든 종교를 하나로 결성하는 종교통합운동을 범세계적으로 벌이고 있다.

나라와 종족이 각각 가지고 있는 종교들은 나라의 국경처럼 그 경계가 뚜렷해서 서로를 적대하고 대립해왔다. 이러한 종교 문제는 이해관계를 넘어서 각종 분쟁과 갈등을 일으키기도 하며 더 나아가 크고 작은 전쟁이나 때로는 엄청난 학살을 불러오기도 했다. 중세기에 칠천만 개신교들의 대학살을 자행했던 카톨릭의 종교재판, 근대에 이르러서는 육백만 명에 달하는 유대인을 학살한 히틀러의 나치 등이 그 예이다.

종교의 자유가 허용된 현대에 들어와서 이러한 종교계에 지각 변동이 일어나고 있다. 얽히고설킨 이해관계로 서로 대립하던 각 나라의 정치적 경제적 국경이 허물어지고 단일 정부의 신세계 바람이 일고 있듯이 굳건했던 종교 간의 장벽도 무너지고 카톨릭 중심으로 종교 통합이 이루어지고 있다. 서로의 종교를 이해하고 존중하며 모든 종교는 근본적으로 하나의 신을 믿는 것이라는 에큐메니컬 운동이 그것이다. 종교는 물론 정치, 경제, 사회, 문화 할 것 없이 모든 것을 통합하려는 그들의 단일화 체제는 세계 통치를 목적으로 하는 적그리스도의 정책인 것이다.

110개국 349개 교단의 5억 6천만 명의 회원을 가지고 있는 세계교회협의회(WCC), 1846년에 프리메이슨 본부인 영국 연합 그랜드롯지에서 태동하여 전세계 6억 명의 회원을 과시하는 세계복음연맹(WEA), UN의 종교 정책을 지원하는 세계 종교 지도자 위원회(WCRL), 종교계에서 UN역할을 담당하는 세계단일종교협의회(URO), 종교간 합의를 목표로 78개국에 기반을 두고 있는 종교연합계획(URI), 통일교 문선명의 넷째 아들 문현진이 이끄는 UN 산하 세계평화연맹(UPF), 신세계 시민의 의식을 교육하는 이해의 사원(TOU) 등 나열하기도 많은 이 거대한 단체들은 동일한 목적을 가지고 '하나님 아래 한 가족'(One Family under God) 이라는 미명하에 모든 종교를 카톨릭 안으로 합병 흡수 시키는 일을 도모하고 있다. 세계교회협의회(WCC), 세계복음연맹(WEA), 교황청이 지난 2011년 6월 28일에 공동 선교 문서를 발표했는데 그 내용은 역시 '타 종교와의 대화 지속', '타 종교에 대한 이해 증진', '범종교적 시민단체와의 협력' 등이다. 이로 보건대 로마 가톨릭, 개신교, 이슬람교, 불교는 물론 마음 수련사,

점술가, 마술사, 무속인 까지를 포함하고 있는 교회일치 운동을 이끌어가는 중심 세력은 바티칸의 교황청이며 이 세력에 흡수되어 있는 개신교는 그 하수인인 것을 알 수 있다. 하나님의 이름을 빙자하여 적그리스도의 교리를 좇으며 불의와 야합하는 이들은 교회가 아닌 사단의 회인 것이다.

> 내가 네 환난과 궁핍을 아노니 실상은 네가 부요한 자니라 자칭 유대인이라 하는 자들의 훼방도 아노니 실상은 유대인이 아니요 사단의 회라(계 2:9).

그들은 자칭 하나님을 믿는다 하는 종교의 허울을 쓰고 있지만 그 영은 마귀사단에게 속해 있는 우상 숭배자들이다. 그들이 입으로는 하나님, 예수님을 거론하지만 그들은 악한 영의 지배를 받음으로 범사에 적그리스도의 교리를 따른다. 그들의 교리는 예수 그리스도, 생명, 복음을 배제한 사랑, 평화, 자유등의 인본주의를 신조로 한다. 사단의 회에 속한 세상 교회들이 세계선교, 사회봉사, 이웃사랑과 같은 인간의 의와 선을 말하지만 영에 대하여, 육에 대하여 말하지 않는 이유가 여기에 있다.

> 저런 사람들은 거짓 사도요 궤휼의 역군이니 자기를 그리스도의 사도로 가장하는 자들이니라 이것이 이상한 일이 아니라 사단도 자기를 광명의 천사로 가장하나니

> 그러므로 사단의 일군들도 자기를 의의 일군으로 가장 하는 것이 또한 큰 일이 아니라 저희의 결국은 그 행위대로 되리라(고후 11:13-15).

그들은 겉으로 신학적 인본주의를 내세우지만 그들의 신념은 세계를 정복하여 바벨론 종교를 완성할 신세계 질서이며 그것의 주된 사업인 종교통합의 목적은 모든 종교를 사단의 회에 통합시켜 적그리스도 출범의 기반을 구축하는데 있다. 대 꼭대기를 하늘에 닿게 하는 신세계의 바벨탑을 쌓기 위해 피차 손을 잡고 당을 짓는 그들 모든 종교에 하나님의 진노의 형벌이 있을 것이다.

> 하나님께서 각 사람에게 그 행한 대로 보응하시되 참고 선을 행하여 영광과 존귀와 썩지 아니함을 구하는 자에게는 영생으로 하시고 오직 당을 지어 진리를 좇지 아니하고 불의를 좇는 자에게는 노와 분으로 하시리라 (롬 2:6-8).

제5부

하나님의 인, 성령

{ The Truth of the Gospel and the End of New World Order }

1 구약에 예표된 하나님의 인

내가 애굽 땅을 칠때에
그 피가 너희의 거하는 집에 있어서
너희를 위하여 표적이 될찌라
내가 그 피를 볼 때에 너희를 넘어가리니
재앙이 너희에게 내려 멸하지 아니하리라
(출 12:13).

◆ 첫 사람 아담에게 친 하나님의 인

성경은 여러 가지 형태로 하나님의 인을 계시하고 있다. 여호와께서 태초로 하나님의 영으로 인을 치신 사람은 첫 사람 아담이다. 하나님이 자기 형상, 곧 하나님의 형상대로 사람을 창조하시기 위하여 흙으로 만드신 육체 안에 하나님의 생기, 그의 생명이신 영을 불어 넣으심으로 아담은 산 영이 되었다. 아담을 생령이 되게 하신 하나님의 생기가 하나님의 인을 예표한 것이다.

> 여호와 하나님이 흙으로 사람을 지으시고 생기를 그 코에 불어 넣으시니 사람이 생령이 된지라(창 2:7).

이 영이 사람에게서 떠나신 것은 사람이 땅위에 번성하기 시작할 무렵이었다. 하나님은 첫 사람에게 그의 영으로 인을 쳐서 하나님의 형상과 같은 영의 사람으로 만드셨으나 사람은 악한 꾀를 내어 그 영을 파괴하고 말았다. 먹어서는 안 될 악한 자의 실과를 먹고 눈이 밝아진 하나님의 아들들이 사람의 딸들의 아름다움을 보게 되어 그들을 아내로 삼아 그들과 함께 육체가 되었다. 그러므로 육과 함께 하실 수 없는 거룩하신 영, 하나님이 그들에게서 떠나시게 된 것이다.

> 사람이 땅위에 번성하기 시작 할 때에 그들에게서 딸들

> 이 나니 하나님의 아들들이 사람의 딸들의 아름다움을
> 보고 자기들의 좋아하는 모든 자로 아내를 삼는지라 여
> 호와께서 가라사대 나의 신이 영원히 사람과 함께 하지
> 아니하리니 이는 그들이 육체가 됨이라 그러나 그들의
> 날은 일백 이십년이 되리라 하시니라(창 6:1-3).

겉껍질이 흰자위 노른자위를 싸고 있는 계란처럼 사람의 육체는 속사람인 혼과 영을 싸고 있는 겉껍질에 불과한 것으로 영이 없는 사람은 살았으나 죽은 것이다. 하나님은 에스겔서에서 이러한 영이 없는 사람을 가리켜 죽은지 오래된 마른 뼈로 비유하셨다.

> 여호와께서 권능으로 내게 임하시고 그 신으로 나를 데
> 리고 가서 골짜기 가운데 두셨는데 거기 뼈가 가득 하
> 더라 나를 그 뼈 사방으로 지나게 하시기로 본즉 그 골
> 짜기 지면에 뼈가 심히 많고 아주 말랐더라 그가 내게
> 이르시되 인자야 이 뼈들이 능히 살겠느냐 하시기로 내
> 가 대답하되 주 여호와여 주께서 아시나이다 또 내게
> 이르시되 너는 이 모든 뼈에게 대언하여 이르기를 너희
> 마른 뼈들아 여호와의 말씀을 들을찌어다 주 여호와께
> 서 이 뼈들에게 말씀하시기를 내가 생기로 너희에게 들
> 어가게 하리니 너희가 살리라 너희 위에 힘줄을 두고

살을 입히고 가죽으로 덮고 너희 속에 생기를 두리니
너희가 살리라 또 나를 여호와인줄 알리라 하셨다 하라
(겔 37:1-6).

이는 하나님의 선민으로 택함 받은 이스라엘 백성들이 하나님을 떠난 지 오래되어 아주 마른 뼈가 된 것처럼 태초에 생기를 불어넣어 하나님의 형상으로 지음 받은 사람이 하나님의 생명을 잃은 지 오래되어 하나님에 대해서 아주 죽은 자가 된 것을 계시하신 말씀이다. 그러나 동시에 이것은 마른 뼈들에게 생기를 불어넣어서 다시 하나님의 백성을 삼으시겠다는 이스라엘의 회복에 대한 약속은 허물과 죄로 영이 죽은 사람에게 하나님의 생명, 곧 여호와의 인을 쳐서 하나님의 형상의 본디 사람으로 다시 살리시리라는 하나님의 구원의 계획을 보여주시는 놀라운 말씀이기도 하다.

◆ 살인자 가인에게 친 하나님의 인

아담과 하와가 낳은 두 아들, 가인과 아벨의 살인사건에서 다시 하나님의 인이 계시되고 있다.

아벨은 양치는 자였고 가인은 농사하는 자였다. 세월이 지난 후에 농부였던 가인은 땅의 소산으로 하나님께 제사 드렸고 양을 쳤던 아벨은 양의 첫 새끼와 그 기름으로 제사 드렸다. 여호와께서 아벨의 제물은 열납 하셨으나 가인의 제물은 열납지 아니하셨다. 가인과 아벨이 드렸던 두 형태의 제사는 훗날, 사람이 하나님께 드리게 될 두 형태의 예배를 계시한다. 가인이 드렸던 제물, 땅의 소산은 육신적 의로 하나님께 나아가려는 율법을 계시한 것이며 아벨이 드린 제물, 양과 기름은 그리스도 예수와 성령을 힘입어 하나님께 나아가는 믿음을 계시한 것이다.

> 사람이 의롭게 되는 것은 율법의 행위에서 난 것이 아니요 오직 예수 그리스도를 믿음으로 말미암은 줄 아는 고로 우리도 그리스도 예수를 믿나니 이는 우리가 율법의 행위에서 아니고 그리스도를 믿음으로서 의롭다 함을 얻으려 함이라 율법의 행위로서는 의롭다 함을 얻을 육체가 없느니라(갈 2:16).

이 일이 있은 후 그들이 들에 있을 때에 아벨을 시기한 가인이 아우 아벨을 쳐 죽였다. 율법의 행위에서 난 의로는 사람이 근본적으로 의롭게 될 수 없음을 증명한 것이다. 하나님께서 땅의 것 곧 육신의 제물을 드렸던 가인의 제사를 열납지 아니하신 것이 이 때문이다.

> 그런즉 우리가 무슨 말 하리요 의를 좇지 아니한 이방

> 인들이 의를 얻었으니 곧 믿음에서 난 의요 의의 법을 좇아간 이스라엘은 법에 이르지 못하였으니 어찌 그러하뇨 이는 저희가 믿음에 의지하지 않고 행위에 의지함이라 부딪힐 돌에 부딪혔느니라(롬 9:30-32).

땅의 소산물로 하나님께 제사 드렸던 가인은 부딪힐 돌에 부딪힌 것이다. 그러나 죄를 깨닫게 하는 율법이 가인을 참혹한 죄인으로 만들었다. 가인은 중한 죄의 압박으로 심히 고통하며 하나님 앞에 죄를 통회했다. 상한 심령의 제사를 기뻐하시는 하나님은 진정으로 죄인이 되어 하나님 앞에 엎드린 가인에게 죽음을 면케하는 표를 주셨다. 가인을 죽음에서 구원하시기 위하여 하나님이 은혜로 주신 이 표가 하나님의 인이다.

> 가인이 여호와께 고하되 내 죄벌이 너무 중하여 견딜 수 없나이다 주께서 오늘 이 지면에서 나를 쫓아 내시온즉 내가 주의 낯을 뵈옵지 못하리니 내가 땅에서 피하며 유리하는 자가 될찌라 무릇 나를 만나는 자가 나를 죽이겠나이다 여호와께서 그에게 이르시되 그렇지 않다 가인을 죽이는 자는 벌을 칠 배나 받으리라 하시고 가인에게 표를 주사 만나는 누구에게든지 죽임을 면케하시니라(창 4:13-15).

아우를 살해한 극악한 가인을 죽음에서 면케하신 하나님의 인이 율법의 저주를 받아 사망 선고를 받은 인생이 사모해야 할 구원의 은혜이다. 가인은 자신이 범한 중한 죄를 인하여 중심으로 죄인이 되어 두렵고 괴로운 심령을 하나님께 토설했다. 이것이 가인이 하나님의 긍휼을 입은 이유이다. 이렇듯 자기의 죄를 깨달은 죄인은 진정으로 하나님 앞에 부복하게 된다. 그러나 인간이 하나님께 온전히 구원받지 못하는 까닭은 자신의 지은 죄를 온전히 심령으로 깨닫지 못하기 때문이다. 하나님은 사람의 의나 선을 기뻐하지 아니하시고 상하고 통회하는 심령의 죄인을 기뻐하신다. 하나님께 온전히 부복한 죄인에게 하나님은 그의 인을 치신다. 내가 의인을 부르러 온 것이 아니요 죄인을 부르러 왔노라(마 9:13) 하신 말씀이 이 까닭이다.

> 주는 제사를 즐겨아니하시나니 그렇지 않으면 내가 드렸을 것이라 주는 번제를 기뻐하지 아니하시나이다 하나님이 구하시는 제사는 상한 심령이라 하나님이여 상하고 통회하는 마음을 주께서 멸시치 아니하시리이다 (시 51:16-17).

◆ 어린양의 피로 계시된 하나님의 인

출애굽기에서는 유월절 어린양의 피가 하나님의 인으로 계시되고 있다. 하나님께서 이스라엘을 종 되었던 애굽에서 구원해 내시기 위하여 애굽 땅에 열 가지 재앙을 내리셨다. 애굽 가운데서 위에 앉은 바로의 장자로부터 맷돌 뒤에 있는 여종의 장자와 모든 생축의 처음 난 것을 죽이시는 것이 그 마지막 재앙이었다. 여호와께서 그날 밤에 애굽 가운데서 이스라엘의 집을 구원하실 표를 그들에게 주셨다. 즉, 어린양을 식구대로 취하여 먹고 그 양을 먹는 집 문 좌우 설주와 인방에 그 피를 바르도록 하신 것이다.

여호와가 애굽 땅의 처음 난 것을 치실 때, 그 어린양의 피를 바른 집을 넘어가시기로 약속하신 것이다. 이스라엘의 각 집의 문설주와 인방에 바른 어린양의 피가 그 밤에 애굽 온 땅을 치시는 사망에서 이스라엘을 구원한 표, 하나님의 인이다.

> 너희 어린양은 흠 없고 일 년 된 수컷으로 하되 양이나 염소 중에서 취하고 이달 십사일까지 간직하였다가 해질 때에 이스라엘 회중이 그 양을 잡고 그 피로 양을 먹을 집 문 좌우 설주와 인방에 바르고 그 밤에 그 고기를 불에 구워 무교병과 쓴 나물과 아울러 먹되…내가 그 밤에 애굽 땅에 두루 다니며 사람과 짐승을 무론하

고 애굽 나라 가운데 처음 난 것을 다 치고 애굽의 모든 신에게 벌을 내리리라 나는 여호와로라 내가 애굽 땅을 칠 때에 그 피가 너희 거하는 집에 있어서 너희를 위하여 표적이 될지라 내가 피를 볼 때에 너희를 넘어가리니 재앙이 너희에게 내려 멸하지 아니하리라(출 12:5-13).

고센 땅에 따로 거하던 이스라엘 백성은 하나님께서 모세에게 이르신 말씀대로 흠 없는 어린 양을 택하여 잡고 그 고기를 무교병과 쓴나물과 함께 먹고 양의 피를 그릇에 담아 우슬초 묶음에 적셔서 문 인방과 좌우 설주에 뿌리고 한 사람도 그 집 문 밖에 나가지 않았다. 바로와 그 모든 신하와 애굽의 모든 사람의 집에 큰 호곡이 있던 날 밤 여호와께서 이스라엘 백성과 약속하신 표적, 어린양의 피를 보시고 멸하는 자로 그 집을 넘어가게 하셨다. 애굽의 모든 장자들이 죽임을 당하는 가운데서 이스라엘집의 장자들이 죽음을 면할 수 있었던 것은 그들의 각 집에 흠 없는 어린양이 그들을 대신하여 죽임을 당했기 때문이다.

육체의 생명은 피에 있음이라 내가 이 피를 너희에게 주어 단에 뿌려 너희 생명을 위하여 속하게 하였나니 생명이 피에 있으므로 피가 죄를 속하느니라(레 17:11).

하나님께 죄를 범한 사람은 지은 죄를 속하기 위해서는 어떤 모양으로든 생명이 되는 피가 반드시 지불되어야 한다. 왜냐하면 모든 생물은 그 피가 생명과 일치되기 때문이다.

피 흘림, 즉 사함이 없었던 율법시대에는 백성들의 죄를 속하기 위하여 소나 양이나 염소와 같은 속죄 제물을 제사장 앞으로 끌어오면 제사장은 그것을 단 밑에서 잡고 피를 제단에 뿌림으로 그 사람의 죄를 속했다.

율법은 장차 오는 좋은 일의 그림자요 참 형상이 아니다(히 10:1). 백성의 죄를 속하기 위하여 속죄 제물로 드려졌던 수송아지나 어린양은 세상 죄를 대속하기 위하여 이 땅에 오신 그리스도 예수를 예표한다. 그러므로 우리 죄를 사하시려고 자기 몸을 제물로 드리려고 세상에 오신 예수 그리스도를 가리켜 침례 요한은 '세상 죄를 지고 가는 어린 양'이라고 증거했다.

> 그리스도께서 장래 좋은 일에 대제사장으로 오사 손으로 짓지 아니한 곧 이 창조에 속하지 아니한 더 크고 온전한 장막으로 말미암아 염소와 송아지 피로 아니하고 오직 자기 피로 영원한 속죄를 이루사 단번에 성소에 들어 가셨느니라 염소와 황소의 피와 및 암송아지의 재로 부정한 자에게 뿌려 그 육체를 정결케 하여 거룩케 하거든 하물며 영원하신 성령으로 말미암아 흠 없는 자기를 하나님께 드린 그리스도의 피가 어찌 너희 양심으로 죽은 행실에서 깨끗하게 하고 살아계신 하나님을 섬

기게 못하겠느뇨(히 9:11-14).

그리스도의 피는 그의 생명을 뜻한다. 이 생명이 죄인 된 우리의 생명을 대신하여 죽임을 당한 것이다. 이스라엘 각 집에 그들의 장자를 대신하여 죽임을 당한 어린양, 그 고기를 먹고 그 피를 문에 발라 표적을 삼은 이스라엘이 온 애굽 나라가 당하는 사망에서 구원 받았듯이 이제도 그리스도 예수의 피에 참예하는 자는 온 세상에 임하는 멸망의 재앙에서 구원 받을 수 있다.

그러면 이제 우리가 그 피를 인하여 의롭다 하심을 얻었은즉 더욱 그로 말미암아 진노하심에서 구원을 얻을 것임이니(롬 5:9).

◆ 라합에게 친 하나님의 인

여호수아서에도 진실한 표로 하나님의 인이 계시되고 있다.
하나님의 종 여호수아는 약속의 가나안 땅을 목전에 두고 여리고 성을 멸하기 위하여 그 성을 정탐할 두 사람을 여리고로 보냈다. 그들은 기생 라합의 집에 들어가 유숙했는데 그 기밀이 여리고 왕에게 들어갔고 정탐꾼을 이끌어 내라는 왕의 명령이 라합에게 내려졌다.

그러나 여호와께서 그 땅을 이스라엘에게 주실 줄을 알았던 라합은 지엄한 왕의 명령을 어기고 여호수아의 보낸 자, 두 사람을 지붕위에 버려놓은 삼대 속에 숨겨주었다. 목숨을 걸고 멸망받을 나라에서 곧 도래할 나라로 줄을 바꿔선 슬기로운 여인 라합은 정탐꾼들에게 이스라엘이 여리고성을 멸하러 들어올 때에 자기와 가족들의 생명을 구해주기를 간구했다.

> 그러므로 청하노니 내가 너희를 선대하였은즉 너희도 내 아버지의 집을 선대하여 나의 부모와 남녀 형제와 무릇 그들에게 있는 모든 자를 살려주어 우리 생명을 죽는 데서 건져 내기로 이제 여호와로 맹세하고 내게 진실한 표를 내라(수 2:12-13).

정탐하러 온 두 사람은 라합이 끝까지 자기들을 지켜준다면 이스라엘이 여리고를 치러 들어올 때에 라합을 구원하기로 맹세하고 라합이 그들을 성벽 위에서 달아 내리웠던 붉은 줄을 창에 매어 달아 그것으로 구원의 표적을 삼기로 약속 했다. 라합에게 창에 매달라고 한 붉은 줄은 애굽의 장자를 멸하는 재앙에서 이스라엘을 구원한 어린양의 피를 다른 모형으로 계시한 것으로서 역시 라합과 그의 가족을 구원하는 표적이 되었다. 이 진실한 표가 하나님의 인이다.

> 두 사람이 그에게 이르되 네가 우리의 이 일을 누설치 아니하면 우리의 생명으로 너희를 대신이라도 할 것이요 여호와께서 우리에게 이 땅을 주실 때에는 인자하고 진실하게 너를 대우하리라…우리가 이 땅에 들어올 때에 우리를 달아 내리운 창에 이 붉은 줄을 매고 네 부모와 형제와 네 아비의 가족을 다 네 집에 모으라. 누구든지 네 집 문을 나서 거리로 가면 그 피가 그의 머리로 돌아갈 것이요 우리는 허물이 없으리라 라합이 가로되 너희의 말대로 할 것이라 하고 그들을 보내어 가게하고 붉은 줄을 창문에 매니라(수 2:14-21).

견고했던 여리고 성벽은 하나님의 말씀대로 사람의 손으로 아니하고 하나님의 능력으로 무너져 내렸고 그 성은 이스라엘 백성에게 붙인바 되었다.

> 일곱번째에 제사장들이 나팔을 불 때에 여호수아가 백성에게 이르되 외치라 여호와께서 너희에게 이 성을 주셨느니라 이 성과 그 가운데 모든 물건을 여호와께 바치되 기생 라합과 무릇 그 집에 동거하는 자는 살리라 이는 그가 우리의 보낸 자를 숨겼음이니라(수 6:17).

여호수아가 명한대로 정탐하러 갔던 두 사람이 붉은 줄이 드리운 라합의 집에 들어가 약속대로 그녀와 그의 속한 자들을 진 밖에 이끌어 낸 뒤 무리가 그 성과 그 가운데 있는 모든 것을 불살라 여리고 성을 멸하였다.

> 믿음으로 기생 라합은 정탐꾼을 평안히 영접하였으므로 순종치 아니한 자와 함께 멸망치 아니하였도다(히 11:31).

라합이 멸망당하는 여리고 성에서 구원받은 것은 자기의 목숨을 걸고 여호수아가 보낸 두 사람을 숨겨준 연고로 그들에게서 얻어낸 붉은 줄의 진실한 표로 말미암았다. 라합이 죽기를 각오하고 그들을 숨겨준 것은 그들을 보낸 여호수아를 영접한 것이며 여호수아를 영접한 것은 그를 보내신 하나님을 영접한 것이므로 라합은 멸망에서 구원받았다.

> 너희를 영접하는 자는 나를 영접하는 것이요 나를 영접하는 자는 나 보내신 이를 영접하는 것이니라(마 10:40).

도래할 나라를 감지하고 보내신 자를 영접한 라합의 믿음은 그와 그의 가족을 멸망에서 구원했을 뿐만 아니라 기생이었던 천한 신분의 라합을 그리스도의 계보에까지 오르게 한 기적을 만들어 내었다. 이는 하나님이 세상을 멸하시기 전 그의 보내신 자들을 영접한 자들을 멸망 가운데서 이끌어 내실 하나님의 구원의 약속을 계시하신 것이다.

때문에 하나님의 보내신 자를 믿는 것이 하나님의 일이다.

> 저희가 묻되 우리가 어떻게 하여야 하나님의 일을 하오리까 예수께서 대답하여 가라사대 하나님의 보내신 자를 믿는 것이 하나님의 일이니라(요 6:28-29).

The Truth of the Gospel and
the End of New World Order

2 우는 자의 이마에 친 하나님의 인

…여호와께서 그 가는 베옷을 입고
서기관의 먹 그릇을 찬 사람을 불러 이르시되
너는 예루살렘 성읍 중에 순행하여
그 가운데서 행하는 모든 가증한 일로 인하여
탄식하며 우는 자의 이마에 표하라
(겔 9:3-4).

수년 전 TV에서 어느 청소년 교도소의 수감 생활을 담은 특집 프로그램을 보면서 가슴이 답답했던 기억이 난다. 나를 슬프게 했던 것은 어린 나이에 큰 죄를 범한 사실도 그렇거니와 자신이 지은 고범죄에 대한 인식이 전혀 없는 당시 그들의 모습이었다. 수감되어 죄의 징계를 받고 있으면서도 싸움질 하고 히득거리며 노래 부르는 그들의 모습이 하나님의 징벌을 받아 땅의 갇힌 옥에서 곤한 생을 살아가면서도 속여 빼앗고 먹고 마시며 희희낙락하는 인간 세상을 보는 것 같아서 씁쓸한 마음 금할 수 없었다.

지혜의 왕 솔로몬은 "내가 웃음을 논하여 이르기를 미친 것이라 하였고 희락을 논하여 이르기를 저가 무엇을 하는가"(전 2:2)라고 말했다. 인생은 하나님 앞에 죄인인 까닭에 엄숙히 죄의 빚을 갚으며 살아야 함을 시사하는 말씀이다. 이는 '웃으면 복이 온다'는 세상의 지론과 상반되지만 죄를 깨달은 지혜자의 마음은 초상집에 있을 수밖에 없고 지은 죄를 깨닫지 못하는 우매자는 잔칫집에 거하기 마련이다.

> 초상집에 가는 것이 잔치 집에 가는 것 보다 나으니 모든 사람의 결국이 이와 같이 됨이라 산 자가 이것에 유심하리로다 슬픔이 웃음보다 나음은 얼굴에 근심함으로 마음이 좋게 됨이니라 지혜자의 마음은 초상집에 있으되 우매자의 마음은 연락하는 집에 있느니라(전 7:2-4).

초상집에 거하든 잔칫집에 거하든 웃고 우는 것은 그 사람의 철학과 믿음이다. 그러나 희락과 웃음에는 징벌이 따르고 슬픔과 탄식에는 갚음이 있음을 성경은 신구약 면면에서 가르치고 있다.

에스겔서에서 이 진리를 찾아보자.

선지자 에스겔에게 하나님의 권능이 임하시고 하나님의 투기를 격발케 하는 우상이 가득한 예루살렘의 죄악상을 이상 가운데 보이셨다.

> 그가 또 나를 데리고 여호와의 전 안뜰에 들어가시기로 보니 여호와의 전 문 앞 현관과 제단 사이에서 약 이십오 인이 여호와의 전을 등지고 낯을 동으로 향하여 동방 태양에 경배하더라 또 내게 이르시되 인자야 네가 보았느냐 유다 족속이 여기서 행한 가증한 일을 적다하겠느냐 그들이 강포로 이 땅에 채우고 또 다시 내 노를 격동하고 심지어 나뭇가지를 그 코에 두었느니라 그러므로 나도 분노로 갚아 아껴보지 아니하고 긍휼을 베풀지도 아니하리니 그들이 큰 소리로 내게 부르짖을지라도 내가 듣지 아니하리라(겔 8:16-18).

하나님은 자신의 노를 격발케하는 예루살렘의 죄악상을 에스겔에게 보이신 후에 그 성읍을 관할하는 자들로 각기 살육의 기계를 손에 들고 나오게 하셨다. 그 중에 가는 베옷을 입고 허리에 서기관의 먹그릇을 찬 사람에게 여호와께서 이르시기를 예루살렘에 순행하며 그들의 행하는 죄악을 인하여 탄식하며 우는 자를 찾아서 그 이마에 표를 하라 하시고 살륙의 기계를 잡은 자들에게는 가증한 우상을 만들어 예루살렘을 더럽힌 자들을 남녀노소 무론하고 다 죽이되 이마에 표 있는 자만 살리라 명하셨다. 가증한 죄악을 보고 탄식하며 우는 자의 이마에 친 표는 하나님의 진노의 살륙을 피하는 하나님의 인이었다.

> 그룹에 머물러 있던 이스라엘 하나님의 영광이 올라 성전 문지방에 이르더니 여호와께서 그 가는 베옷을 입고 서기관의 먹 그릇을 찬 사람을 불러 이르시되 너는 예루살렘 성읍 중에 순행하여 그 가운데서 행하는 모든 가증한 일로 인하여 탄식하며 우는 자의 이마에 표 하라 하시고 나의 듣는데 또 그 남은 자에게 이르시되 너희는 그 뒤를 좇아 성읍 중에 순행하며 아껴보지도 말며 긍휼을 베풀지도 말고 쳐서 늙은 자와 젊은 자와 처녀와 어린 아이와 부녀를 다 죽이되 이마에 표 있는 자에게는 가까이 말라. 내 성소에서 시작할지니라 하시매 그들이 성전 앞에 있는 늙은 자로부터 시작하더라(겔 9:3-6).

여호와의 전을 등지고 투기의 우상을 숭배하며 하나님의 노를 격발한 자를 남녀노소 무론하고 칼을 빼어 죽이는 하나님의 살륙에 대한 이상은 창세로부터 창조주 그들의 하나님을 등지고 가증한 우상을 숭배하는 전 인류가 하나님의 분노의 살륙을 당하게 될 미래를 계시한 것이다. 이 미래가 우리 앞에 엄연한 현실로 다가오고 있다. 이 환란의 시기에 살아남을 자는 지은 죄를 탄식하며 우는 자들이다.

주 여호와께서 가라사대 재앙이로다 비상한 재앙이로다 볼찌어다 임박하도다 끝이 났도다 끝이 났도다 끝이 너를 치러 일어났나니 볼찌어다 임박하도다 이 땅 거민아 정한 재앙이 네게 임하도다 때가 이르렀고 날이 가까웠으니 요란한 날이요 산에서 즐거이 부르는 날이 아니로다 이제 내가 속히 분을 네게 쏟고 내 진노를 네게 이루어서 네 행위대로 너를 심판하여 네 모든 가증한 일을 네게 보응하되 내가 너를 아껴보지 아니하며 긍휼히 여기지도 아니하고 네 행위대로 너를 벌하여 너희 가증한 일이 너희 중에 나타나게 하리니 나 여호와가 치는 줄을 네가 알리라 볼찌어다 그날이로다 볼찌어다 임박하도다 정한 재앙이 이르렀으니 몽둥이가 꽃피며 교만이 싹났도다 포악이 일어나서 죄악의 몽둥이가 되었은즉 그들도 무리들도 그 재물도 하나도 남기지 아니하고 그 중의 아름다운 것도 없어지리로다 때가 이르렀

고 날이 가까웠으니 사는 자도 기뻐하지 말며 파는 자
도 근심하지 말것은 진노가 그 모든 무리에게 임함이로
다(겔 7:5-12).

무릇 혈기 있는 모든 자가 죽임을 당하는 가운데서도 살아남
은 자들이 있었으니 그 성읍 모든 거민이 우상 숭배하는 죄 중
에서 따로 나와 그들이 행하는 모든 가증한 일을 인하여 탄식하
며 우는 자들이었다. 하나님께서 그들의 이마에 인을 치신 것은
죄를 탄식하므로 속죄함 받은 그들을 하나님의 진노에서 구원하
기 위하심이었다.

"무법한 자의 음란한 행실을 인하여…날마다 저 불법한 행실
을 보고 들음으로 그 의로운 심령을 상한"(벧후 2:7-8) 롯과 같이
하나님께 속한 사람들은 죄 많은 인간 사회와 멸망 받을 세상을
향하여 탄식하지 아니할 수 없고 자기 안에 남아 있는 육을 인
하여 애통하지 않을 수 없다. 그러므로 임박한 이스라엘의 재앙
을 이상으로 본 에스겔은 허리가 끊어지듯이 슬피 탄식했다.

여호와의 말씀이 또 내게 임하여 가라사대 인자야 너
는 얼굴을 예루살렘으로 향하며 성소를 향하여 소리 내
어 이스라엘 땅을 쳐서 예언하라 이스라엘 땅에게 이르
기를 여호와의 말씀에 내가 너를 대적하여 내 칼을 집
에서 빼어 의인과 악인을 네게서 끊을찌라 내가 의인과

악인을 네게서 끊을 터이므로 내 칼을 집에서 빼어 무릇 혈기 있는 자를 남에서 북까지 치리니 무릇 혈기 있는 자는 나 여호와가 내 칼을 집에서 빼어낸 줄을 알찌라 칼이 다시 꽂혀지지 아니하리라 하셨다 하라 인자야 너는 탄식하되 허리가 끊어지는 듯이 그들의 목전에서 슬피 탄식하라 그들이 네게 묻기를 네가 어찌하여 탄식하느냐 하거든 대답하기를 소문을 인함이라 재앙이 오나니 긱 마음이 녹으며 모든 손이 약하여지며 각 영이 쇠하며 모든 무릎이 물과 같이 약하리라 보라 재앙이 오나니 정녕 이루리라 나 주 여호와의 말이니라 하라 (겔 21:1-7).

이러한 성경 전체에 흐르고 있는 하나님의 뜻을 알지 못하는 세상 교회들은 그들의 교인들을 잔치 집으로 인도하는 일에 힘을 쏟으며, 친교회, 야유회, 회식, 등 여러 모임이나 다양한 프로그램을 만들어 교인들에게 제공하며 그리스도인은 항상 기뻐하며 즐겁게 살아야 한다고 거짓말을 가르친다.

"때가 이르리니 사람이 바른 교훈을 받지 아니하며 귀가 가려워서 자기의 사욕을 좇을 스승을 많이 두고 또 그 길을 진리에서 돌이켜 허탄한 이야기를 좇으리라"(딤후 4:3-4)하심 같이 귀를 긁어주는 좋은 소리와 육신을 흥취 시키는 즐거운 행사를 교인들 역시 기뻐한다. 때문에 목회자들은 교인들이 기뻐하는 잔칫집을 항상 기획해야하며 이러한 경영을 잘하는 교회는 사회에서 성공한다. 그러나 분명히 알아야 한다. 하나님은 지은 죄를 애통해야 할 죄인이 잔치 집에서 먹고 마시며 희락하는 죄악을 결코 용서치 아니하시리라고 엄히 말씀하고 계신다.

> 그날에 주 만군의 여호와께서 명하사 통곡하며 애호하며 머리털을 뜯으며 굵은 베를 띠라 하셨거늘 너희가 기뻐하며 즐거워하여 소를 잡고 양을 죽여 고기를 먹고 포도주를 마시면서 내일 죽으리니 먹고 마시자 하도다 만군의 여호와께서 친히 내 귀에 들려 가라사대 진실로 이 죄악은 너희 죽기까지 속하지 못하리라 하셨느니라 주 만군의 여호와의 말씀이니라(사 22:12-14).

성경 속의 믿음의 여인들 사라, 리브가, 한나, 라헬은 자식이 없으므로 슬피 탄식하며 울었다. 자식이 없어 애통하는 그들의 눈물은 죄를 지은 까닭에 하나님의 생명에서 끊어진 인생들의 애환을 계시하는 것이다.

라헬의 통곡은 여호와를 배반한 이스라엘이 이방인에게 나라와 성전이 짓밟히고 백성은 바벨론으로 포로 되어 잡혀가는 민족적 애가로도 비유되었고 아기 예수를 죽이기 위하여 헤롯이 베들레헴과 그 모든 지경 안에 있는 사내아이들을 두 살부터 그 아래로 다 죽일 때에 어린 생명을 잃은 여인들의 슬픔으로도 비유되었다.

> 나 여호와가 이같이 말하노라 라마에서 슬퍼하며 통곡하는 소리가 들리니 라헬이 그 자식을 위하여 애곡하는 것이라 그가 자식이 없으므로 위로 받기를 거절하는 도다 나 여호와가 이같이 말하노라 네 소리를 금하여 울지 말며 네 눈을 금하여 눈물을 흘리지 말라 네 일에 갚음을 받을 것인즉 그들이 그 대적의 땅에서 돌아오리라 여호와의 말이니라. 나 여호와가 말하노라 너의 최후에 소망이 있을 것이라 너희 자녀가 자기들의 경내로 돌아오리라 에브라임이 스스로 탄식함을 내가 정녕히 들었노니 이르기를 주께서 나를 징벌하시매 멍에에 익숙치 못한 송아지 같은 내가 징벌을 받았나이다 주는 나의 하나님 여호와시니 나를 이끌어 돌이키소서 그리하시면 내가 돌아오겠나이다(렘 31:15-18).

하나님은 죄인이 부르짖는 이러한 곡성을 기뻐하신다. 그러므로 라헬의 눈물을 갚아주시겠다고 약속하신 것이다. 애통하는 라헬에게 최후소망을 약속하시는 하나님의 위로는 이스라엘의 살육 당하는 죄를 보고 슬피 탄식하며 우는 자의 이마에 하나님의 인을 치신 계시와 일치되는 진리이다. 멸망 받을 세상을 보며 탄식하는 자, 육신 안에 남아 있는 죄를 한탄하는 자, 하나님의 생명이 없어 애통하는 자, 그 눈물로 죄의 빚을 갚은 자들의 이마에 하나님은 그 이름으로 인을 치기 위해 세상을 멸하지 못하고 계신다.

> 또 보매 다른 천사가 살아계신 하나님의 인을 가지고 해 돋는 데로부터 올라와서 땅과 바다를 해롭게 할 권세를 얻은 네 천사를 향하여 큰 소리로 외쳐 가로되 우리가 우리 하나님의 종들의 이마에 인치기까지 땅이나 바다나 나무나 해하지 말라 하더라(계 7:2-3).

죄 사함 받은 증거로 새겨지는 하나님의 인은 세상을 심판하시는 마지막 날에 멸망에서 구원받을 표적이 되며 그리스도의 천년왕국에서 세세토록 왕 노릇하는 자격을 인증하는 증표가 된다.

> 다시 저주가 없으며 하나님과 그 어린양의 보좌가 그 가운데 있으리니 그의 종들이 그를 섬기며 그의 얼굴을 볼 터이요 그의 이름도 저희 이마에 있으리라 다시 밤이 없겠고 등불과 햇빛이 쓸데없으니 이는 주 하나님이 저희에게 비추심이라 저희가 세세토록 왕 노릇 하리로다(계 22:3-5).

3 성령은 하나님의 인

만일 너희 속에 하나님의 영이 거하시면
너희가 육신에 있지 아니하고 영에 있나니
누구든지 그리스도의 영이 없으면
그리스도의 사람이 아니라
(롬 8:9).

◆ 성령은 삼위일체의 하나님

이민을 허용하는 뉴질랜드 정부는 이민자들이 뉴질랜드가 필요로 하는 사람인지를 엄선하는 이민법에 준하여 영주권을 승인한다. 이 영주권은 뉴질랜드에서 일할 수 있으며 공부할 수 있으며 복지 혜택을 받으며 평생 살 수 있는 자격과 권리를 인증하는 표이다. 호주, 미국, 캐나다 등 이민을 허용하는 나라들의 이민법은 다소 다를지라도 영주권 제도는 동일하다. 이와 같이 영의 두 나라, 하나님의 나라와 마귀의 나라 세상에도 그 소속을 규정짓는 법률이 있고 자격을 인증하는 표가 있다.

창세 때부터 마귀사단은 간교한 뱀으로 말미암아 사망의 법을 만들어 육체의 욕심을 따라 그를 좇는 자에게 자기 백성으로 인증하는 짐승의 표 곧 그 이름의 육으로 인을 쳤고 여호와 하나님도 그리스도로 말미암아 생명의 법을 만들어 영을 좇아 행하는 자들에게 성령으로 인을 치셨다.

> 그 안에서 너희도 진리의 말씀 곧 너희의 구원의 복음을 듣고 그 안에서 또한 믿어 약속의 성령으로 인 치심을 받았으니(엡 1:13).

그리스도 예수를 믿어 죄 사함 받은 자에게 허락하시는 성령이 하나님의 인이다. 아담의 코에 불어 넣으신 생기, 가인에게 주신 하나님의 표, 이스라엘의 장자를 구한 어린양의 피, 라합을 구원한 진실한 표, 우는 자의 이마에 친 표 등 구약에 여러 모양으로 나타내신 하나님의 인은 모두 성령을 계시한 것이다. 성령은 성부 하나님과 성자 예수 그리스도와 함께 삼위일체의 하나님으로 마지막 시대를 이끌어 가시는 진리의 영이시다.

> 내가 아버지께 구하겠으니 그가 또 다른 보혜사를 너희에게 주사 영원토록 너희와 함께 있게 하시리니 저는 진리의 영이라 세상은 능히 저를 받지 못하나니 이는 저를 보지도 못하고 알지도 못함이라 그러나 너희는 저를 아나니 저는 너희와 함께 거하심이요 또 너희 속에 계시겠음이라(요 14:16, 17).

성부 하나님께서 영세 전부터 계획하신 구속 사업을 위하여 성자 그리스도 예수를 세상에 보내실 것을 사천 년의 구약 시대를 거쳐 선지자들로 말씀해 오셨고 말씀대로 세상 끝에 나타나신 성자 예수는 또한 약속하신 보혜사 성령을 이 땅에 임하게 하시기 위하여 혈육에 속한 육신이 죽으셔야했다. 아직 성령이 없었던 제자들은 예수님이 그들에게서 떠나가심을 근심하며 슬퍼했지만 사실 그의 죽으심은 성령 하나님의 시대를 여시기 위한 개막이었다.

> 그러하나 내가 너희에게 실상을 말하노니 내가 떠나가는 것이 너희에게 유익이라 내가 떠나가지 아니하면 보혜사가 너희에게로 오시지 아니할 것이요 가면 내가 그를 너희에게로 보내리니 그가 와서 죄에 대하여 의에 대하여 심판에 대하여 세상을 책망하시리라(요 16:7-8).

예루살렘을 떠나지 말고 내게 들은바 아버지의 약속하신 것을 기다리라 요한은 물로 침례를 베풀었으나 너희는 몇 날이 못되어 성령으로 침례를 받으리라"(행 1:4-5)고 예수께서 제자들과 약속하신대로 죽은지 삼일 만에 부활하신 예수님은 유대인을 두려워하여 문을 잠그고 한 곳에 모여 있던 제자들에게 닫힌 문으로 들어오시어 성령을 부어주셨다.

> 이날 곧 안식 후 첫날 저녁때에 제자들이 유대인들을 두려워하여 모인 곳에 문들을 닫았더니 예수께서 오사 가운데 서서 가라사대 너희에게 평강이 있을 지어다 이 말씀을 하시고 손과 옆구리를 보이시니 제자들이 주를 보고 기뻐하더라 예수께서 또 가라사대 너희에게 평강이 있을 지어다 아버지께서 나를 보내신 것같이 나도 너희를 보내노라 이 말씀을 하시고 저희를 향하사 숨을 내쉬며 가라사대 성령을 받으라 너희가 뉘 죄든지 사하면 사하여 질것이요 뉘 죄든지 그대로 두면 그대로 있

으리라 하시니라(요 20:19-23).

예수께서 저희를 향하사 숨을 내쉬며 성령을 받으라 하심은 창세 때 여호와 하나님께서 흙으로 지으신 아담의 코에 생기를 불어 넣으신 것과 유사한 모양으로 제자들에게 성령이 임하신 것이다. "우리에게 기름을 부으신 이는 하나님이시니 저가 또한 우리에게 인치시고 보증으로 성령을 우리 마음에 주셨느니라"(고후 1:21, 22)하심과 같이 제자들에게 임하신 성령은 그들로 그리스도의 사람임을 인증하는 하나님의 인이었다.

> 내가 아직도 너희에게 이를 것이 많으나 지금은 너희가 감당치 못하리라 그러나 진리의 성령이 오시면 그가 너희를 모든 진리 가운데로 인도하시리니 그가 자의로 말하지 않고 오직 듣는 것을 말하시며 장래 일을 너희에게 알리시리라(요 16:12-13).

성령이 오시기 전에 제자들은 예수님의 복음 사역을 이해하지 못했고 그 뜻대로 행하지도 못했다. 그러나 진리의 성령이 오신 이후 제자들은 이전에 깨닫지도 감당치도 못했던 진리를 깨닫게 되었고 또한 진리 가운데로 행하며 죄 사하는 하나님의 권능을 받아 죄에 대하여 의에 대하여 심판에 대하여 세상을 책망하며 땅 끝까지 이르러 예수님의 증인이 되었다. 이것이 성령 받은 자의 특권이며 또한 사명이다. 목회자들이 벙어리 개같이 죄를 책망하지 못하는 것은 성령을 받지 못한 증거이다.

> 오직 성령이 너희에게 임하시면 너희가 권능을 받고 예루살렘과 온 유대와 사마리아와 땅 끝까지 이르러 내 증인이 되리라 하시니라(행 1:8).

이 땅에 성령이 오셨다. 창세 때 하나님의 아들들이 사람의 딸들과 결합하여 함께 육체가 된 이후 그들에게서 떠나가셨던 거룩하신 하나님, 그 성령이 때가 찬 경륜으로 말미암아 세상 끝에 임하신 것이다.

> 오순절 날이 이미 이르매 저희가 다 같이 한 곳에 모였더니 홀연히 하늘로부터 급하고 강한 바람 같은 소리가 있어 저희 앉은 온 집에 가득하며 불의 혀 같이 갈라지는 것이 저희에게 보여 각 사람위에 임하여 있더니 (행 2:1-3).

이 땅에 다시 성령이 임하심은 그리스도 예수의 세상 출현과 같이 만민이 기뻐해야할 위대한 사건이다. 왜냐하면 "진실로 진실로 네게 이르노니 사람이 물과 성령으로 나지 아니하면 하나님 나라에 들어갈 수 없느니라 육으로 난 것은 육이요 성령으로 난 것은 영이니"(요 3:5, 6)라 하심같이 성령은 말씀과 함께 육이 영으로 거듭나게 하시는 하나님이시기 때문이다.

그러나 탄식스러운 것은 세상 교회는 성령을 여러 은사 중에 하나 정도로 이해하고 있으며 때문에 그들 목회의 관심밖에 두고 있는 사실이다. 이는 기름 없는 등을 들고 신랑을 맞으려는 미련한 처녀들과 같은 우매함이다.

또한 어떤 사람들은 기도원들에서 밤을 지새워 가며 마음이 뜨거워질 불길 같은 성령을 가슴 치며 구하기도 한다. 오순절 날에 강한 바람 같은 소리와 불의 혀 같은 모양으로 성령이 임하신 것은 보이지 않는 성령이 세상에 임하신 것을 나타내기 위한 현상이었다. 성령은 거룩하신 영이심으로 육신의 감정이나 의지를 통하여 들어오지 아니하시며 또한 더러운 육체와 함께 거하지도 아니하신다.

성령은 주 예수의 피로 죄 용서 받은 거룩한 심령 속에 들어오셔서 그들로 성전을 삼고 그 안에 거하시며 진리 가운데로 인도하신다. 육신을 지닌 사람이 성령을 모시는 하나님의 전이 된다 함은 매우 신비한 일이며 더욱 기이한 일은 우리 안에 거하시는 성령으로 말미암아 우리 죽을 몸도 살리시리라는 약속이다.

또 그리스도께서 너희 안에 계시면 몸은 죄를 인하여 죽은 것이나 영은 의를 인하여 산 것이니라 예수를 죽은 자 가운데서 살리신 이의 영이 너희 안에 거하시면 예수 그리스도를 죽은 자 가운데서 살리신 이가 너희 안에 거하시는 그의 영으로 말미암아 너희 죽을 몸도 살리시리라(롬 8:10-11).

◆ 영은 하나님의 사람의 본질

한 사람이 두 주인을 섬길 수 없듯이 사람의 마음속에 악의 영과 성령을 함께 모실 수 없다. 때문에 육을 형성하고 있는 죄를 없이하지 아니하고는 거룩하신 영, 성령을 받을 수 없다.

저희가 이 말을 듣고 마음에 찔려 베드로와 다른 사도들에게 물어 가로되 형제들아 우리가 어찌할꼬 하거늘 베드로가 가로되 너희가 회개하여 각각 예수그리스도의 이름으로 침례를 받고 죄 사함을 얻으라 그리하면 성령을 선물로 받으리니(행 2:37-38).

교회에 몸 바쳐 헌신하고 많은 성경적 지식이 있는 사람이라 할지라도 육신의 죄에서 돌이키는 회개가 없는 믿음은 요한의 물 침례에 불과하며 예나 지금이나 이러한 물 침례만 알고 있는 사람들이 교중에는 대다수이다.

> 알렉산드리아에서 난 아볼로라 하는 유대인이 에베소에 이르니 이 사람은 학문이 많고 성경에 능한 자라 그가 일찍 주의 도를 배워 열심으로 예수에 관한 것을 자세히 말하며 가르치나 요한의 침례만 알 따름이라
> (행 18:24).

요한의 물 침례는 성령 침례를 나타내 보이신 예표이다. 예수님도 그 받으실 성령 침례를 예표하시기 위하여 요단 강에서 요한에게 물 침례를 받으시고 그 이후에 육신이 죽으시고 성령으로 부활하셨다. 이것이 성령 침례이다.

율법을 의미하는 물 침례는 성령 침례에까지 인도하는 몽학선생인 것이다. 그러므로 성령이 오신 후로는 몽학 선생이었던 율법은 심령 안에서 물러가게 된다. 그럼에도 세상 교회들은 성령시대가 열린지 이천여 년이 지난 지금도 욕조에 물을 담아놓고 몸을 담그는 물 침례 의식을 여전히 행하고 있다. 이보다 더욱 진리를 왜곡하는 의식은 머리 위에 물을 뿌리는 세례이다.

이는 그리스도와 함께 장사한바 되고 그와 함께 일으키심을 받는 죽음과 부활의 복음을 예표 하는 침례를 머리 위에 물을 뿌림으로 복음의 근본을 왜곡하려는 사단의 무서운 계략인 것이다.

> 무릇 그리스도 예수와 합하여 침례를 받은 우리는 그의

> 죽으심과 합하여 침례 받은 줄을 알지 못하느뇨 그러므로 우리가 그의 죽으심과 합하여 침례를 받으므로 그와 함께 장사되었나니 이는 아버지의 영광으로 말미암아 그리스도를 죽은 자 가운데서 살리심과 같이 우리로 또한 새 생명 가운데서 행하게 하려 함이니라(롬 6:3-4).

또한 죽음과 부활을 예표 하는 물에 잠그는 예식, '침례'를 한국의 대부분의 성경이 머리 위에 물을 뿌리는 '세례' 라고 표기하고 있다. 이것은 하나님의 복음의 진리를 변조한 용서 받을 수 없는 범죄이다. 하나님께서 이런 자들에게 성경에 기록된 재앙들을 더하실 것을 분명히 말씀하고 계신다.

> 내가 이 책의 예언의 말씀을 듣는 각인에게 증거 하노니 만일 누구든지 이것들 외에 더하면 하나님이 이 책에 기록된 재앙들을 그에게 더하실 터이요 만일 누구든지 이 책의 예언의 말씀에서 제하여 버리면 하나님이 이 책에 기록된 생명나무와 및 거룩한 성에 참예함을 제하여 버리시리라(계 22:18-19).

육이 사람의 본질이라면 영은 하나님 사람의 본질이다. 그러므로 하나님의 영이 없으면 하나님의 사람이 아니다. 그럼에도 교중에는 성령이 없이 거듭났다고 믿고 있거나 그리스도인이라고 확신하는 맹신자들이 허다하다. 이와 같은 사람들은 남편의 정자를 잉태하지 아니하고 자식을 기다리는 상상임신과 같은 환상적인 믿음의 소유자들이다.

> 만일 너희 속에 하나님의 영이 거하시면 너희가 육신에 있지 아니하고 영에 있나니 누구든지 그리스도의 영이 없으면 그리스도의 사람이 아니라(롬 8:9).

> 그러므로 형제들아 우리가 빚진 자로되 육신에게 져서 육신대로 살 것이 아니니라 너희가 육신대로 살면 반드시 죽을 것이로되 영으로써 육의 행실을 죽이면 살리니 무릇 하나님의 영으로 인도함을 받는 그들은 곧 하나님의 아들이라(롬 8:12-14).

마태복음 25장에는 성령을 등불을 밝히는 기름으로 계시하고 있다. 신랑을 맞으려고 기다리는 열 처녀의 비유가 그것이다. 열 처녀 중 다섯은 등 안에 기름을 담고 오리라 약속한 신랑을 기다렸고 다섯은 기름 없는 등만 가지고 신랑을 기다렸다. 열 처녀가 동일하게 가지고 있던 등은 하나님께서 흙으로 빚으신 육체를 의미하며 슬기로운 다섯 처녀들이 등 안에 채운 기름은 성령을 뜻한다.

신랑을 맞은 것은 등에 기름을 채운 다섯 처녀들이다. 그들이 신랑과 함께 혼인 잔치에 들어간 후 곧 문은 닫혀졌다. 이는 사람의 심령 속에 영이 있는 사람과 영이 없는 사람 즉 하나님의 인을 받은 사람과 그렇지 않은 사람의 상태와 결국을 비유적으로 계시하신 말씀이다.

> 그때에 천국은 마치 등을 들고 신랑을 맞으러 나간 열 처녀와 같다 하리니 그 중에 다섯은 미련하고 다섯은 슬기 있는지라 미련한 자들은 등을 가지되 기름을 가지지 아니하고 슬기 있는 자들은 그릇에 기름을 담아 등과 함께 가졌더니 신랑이 더디 옴으로 다 졸며 잘 새 밤중에 소리가 나되 보라 신랑이로다 맞으러 나오라 하매 이에 그 처녀들이 다 일어나 등을 준비할 새 미련한 자들이 슬기 있는 자들에게 이르되 우리 등불이 꺼져가니 너희 기름을 좀 나눠달라 하거늘 슬기 있는 자들이 대답하여 가로되 우리와 너희 쓰기에 다 부족할까 하노니 차라리 파는 자들에게 가서 너희 쓸 것을 사라 하니 저희가 사러간 동안에 신랑이 오므로 예비하였던 자들은 함께 혼인잔치에 들어가고 문은 닫힌지라 그 후에 남은 처녀들이 와서 가로되 주여 주여 우리에게 열어주소서 대답하여 가로되 진실로 너희에게 이르노니 내가 너희를 알지 못하노라 하였느니라 그런즉 깨어있으라 너희는 그 날과 그 시를 알지 못하느니라(마 25:1-13).

그러므로 사람이 일생 사는 날 동안 하나님께 간구해야 할 것은 풀의 꽃과 같이 잠시 후에 없어질 육신의 것이 아닌 영원한 생명인 성령이다. 누가복음 11:9-13의 말씀은 기복을 좋아하는 사람들의 입에 자주 인용되는 말씀이다. 그러나 끝까지 주의해서 읽어보면 구하라, 찾으라, 문을 두드리라 하신 우리가 구해야 할 기도 제목은 구국을 위한 거대한 기도나 육신의 정욕을 채워줄 사사로운 일상의 복이 아닌 성령인 것을 알 수 있다. 일생을 걸고 성령을 구해야 할 것은 마지막 시대를 이끌어 가시는 성령, 그 하나님의 인을 받지 아니하면 미련한 다섯 처녀들과 같이 슬피 우는 종말을 맞게 될 것이기 때문이다.

> 내가 또 너희에게 이르노니 구하라 그러면 너희에게 주실 것이요 찾으라 그러면 찾을 것이요 문을 두드리라 그러면 너희에게 열릴 것이니 구하는 이마다 받을 것이요 찾는 이가 찾을 것이요 두드리는 이에게 열릴 것이니라 너희 중에 아비 된 자 누가 아들이 생선을 달라하면 생선 대신에 뱀을 주며 알을 달라하면 전갈을 주겠느냐 너희가 악할지라도 좋은 것을 자식에게 줄줄 알거든 하물며 너희 천부께서 구하는 자에게 성령을 주시지 않겠느냐 하시니라(눅 11:9-13).

복음의 진실과 신세계 질서의 종말

제6부

사람이
영생할 수는 없을까

The Truth of the Gospel and the End of New World Order

1 영생은 천하제일의 고가품

또 천국은 마치
좋은 진주를 구하는 장사와 같으니
극히 값진 진주 하나를 만나매
가서 자기의 소유를 다 팔아
그 진주를 샀느니라
(마 13:45-46).

태초에 하나님은 자기의 형상 곧 영생하시는 하나님의 형상대로 사람을 창조하셨다. 이렇게 영원히 살 수 있는 피조물로 지음 받은 사람이 왜 백세도 살지 못하고 죽어야만 하는가? 성경은 그 원인을 밝히 말씀하고 있다.

> 이러므로 한 사람으로 말미암아 죄가 세상에 들어오고 죄로 말미암아 사망이 왔나니 이와 같이 모든 사람이 죄를 지었으므로 사망이 모든 사람에게 이르렀느니라
> (롬 5:12).

모든 사람이 죄를 지었으므로 모든 사람이 죽을 수밖에 없는 인간의 숙명적 사망! 거기서 벗어나서 사람이 영생할 수는 없는 것일까? 대 꼭대기를 하늘에 닿게 하려는 현대 과학이 결단코 이를 수 없는 고지, 만약 영생하는 길이 있다면 그것은 인간에게 최고의 희소식, 분명 복음일 것이다. 지존하신 하나님은 사람이 영생할 수 있다고 말씀하신다.

> 그가 우리에게 약속하신 약속이 이것이니 곧 영원한 생명이니라(요일 2:25).

이 놀라운 하나님의 약속, 영생을 사람이 어떻게 얻을 수 있을까. 대답은 오직 하나! 사망의 원인이 되는 죄를 해결하는 일이다.

> 진실로 네게 이르노니 네가 호리라도 남김이 없이 다
> 갚기 전에는 결단코 거기서 나오지 못하리라(마 5:26).

이 말씀을 긍정문으로 풀어본다면 네가 호리라도 남김없이 죄를 다 갚으면 갇힌 옥, 즉 사망에서 나오리라는 말씀이다. 이로 보건대 분명 길은 있다. 문제는 구스인의 피부와 같이 인 맞은 육, 표범의 반점과 같은 본성적 죄를 어떻게 남김없이 갚느냐는 것이다. 이것은 먼저 죄가 무엇인지 알아야 하는 것에서부터 시작되어져야 한다.

세상에서는 입법부가 제정한 법률의 조항을 위반하는 행위를 범죄라고 규정하지만 거룩하신 하나님은 영과 원수가 되는 육을 죄라고 여기신다. 육이란 마귀가 주관하고 있는 속사람의 성분을 가리키는 것으로서 그 자아 속에는 마귀와 열조로부터 유전받은 온갖 더러운 성질과 악한 생각들이 가득 하기 때문이다.

> 또 가라사대 사람에게서 나오는 그것이 사람을 더럽게
> 하느니라 속에서 곧 사람의 마음에서 나오는 것은 악한
> 생각 곧 음란과 도적질과 살인과 간음과 탐욕과 악독과
> 속임과 음탕과 흘기는 눈과 훼방과 교만과 광패니 이
> 모든 악한 것이 다 속에서 나와서 사람을 더럽게 하느
> 니라(막 7:20-23).

그러나 우리가 공기 중에 살고 있기 때문에 공기를 의식하지 못하고 살아가듯이 열조로부터 죄의 유전인자를 받고 육의 세상에 출생하여 악한 자들의 초등학문에 교육되고 그 문화에 길들어온 사람은 피 속에 흐르고 있는 육의 성분이나 죄의 속성을 의식하기 어렵다. 때문에 사람들은 자기의 죄가 불러온 크고 작은 고난이나 환난을 만나게 되면 그것을 불러온 자신의 죄를 돌아보지 못하고 의례히 남을 원망한다.

> 주의 명령이 아니면 누가 능히 말하여 이루게 하랴 화, 복이 지극히 높으신 자의 입으로 나오지 아니하느냐 살아있는 사람은 자기 죄로 벌을 받나니 어찌 원망하랴 (애 3:37-39).

예수님이 십자가에 달리셨을 때 그 좌우편에 함께 달렸던 두 행악자 중 한 강도는 사형당할 자신의 죄를 깨닫지 못했기에 죽어가면서까지 예수님을 비방하며 원망했다. 그러나 한 강도는 자신이 범한 죄를 깨달았기에 자기가 당하고 있는 죄의 형벌이 상당한 보응이며 당연한 것인 줄 알았던 것이다. 때문에 오른편 강도는 저주스러운 십자가의 고통을 순히 받을 수 있었고 그 까닭에 예수님께 낙원을 약속 받았다.

> 달린 행악자 중 하나는 비방하여 가로되 네가 그리스도

가 아니냐 너와 우리를 구원하라 하되 하나는 그 사람을 꾸짖어 가로되 네가 동일한 정죄를 받고서도 하나님을 두려워 아니 하느냐 우리는 우리의 행한 일에 상당한 보응을 받는 것이니 이에 당연하거니와 이 사람의 행한 것은 옳지 않은 것이 없느니라 하고 가로되 예수여 당신의 나라에 임하실 때에 나를 생각하소서 하니 예수께서 이르시되 내가 진실로 네게 이르노니 오늘 네가 나와 함께 낙원에 있으리라 하시니라(눅 23:39-43).

사형받을만큼 흉악한 행악자가 예수님께 낙원을 약속 받은 것은 어떠한 선행이나 의로운 행위로 말미암지 않았다. 다만 자신이 저지른 죄의 삯인 사망을 당연한 것으로 받아들임으로 죄의 값을 지불한 연고이다.

요한복음서에서도 동일한 진리를 발견할 수 있다. 서기관과 바리새인들이 간음하다 현장에서 붙잡힌 여자를 율법이 명한대로 여자를 돌로 치기를 원했으나 예수님은 죄 없는 자가 먼저 돌로 치라 하셨다. 이 말씀을 듣고 양심에 가책 받은 사람들은 모두 여자에게서 떠나가고 예수님도 그녀를 정죄하지 아니하셨다.

예수께서 일어나사 여자 외에 아무도 없는 것을 보시고 이르시되 여자여 너를 고소하던 그들이 어디있느냐 너

> 를 정죄한 자가 없느냐 대답하되 주여 없나이다. 예수
> 께서 가라사대 나도 너를 정죄하지 아니하노니 가서 다
> 시는 죄를 범치 말라 하시니라(요 8:10, 11).

서기관과 바리새인들이 고소할 조건을 찾기 위해 예수님을 시험했던 이 사건 속에 숨은 보석과 같은 복음의 진리가 들어있다. 율법에 의해 마땅히 돌에 맞아 죽임을 당해야 할 간음한 여자를 예수님은 왜 정죄하지 아니하셨으며 그녀를 돌로 치기를 원했던 사람들은 왜 남김없이 여인에게서 물러갔을까 영으로 그 답을 얻어야 한다. 그 이유는 추악한 죄가 드러난 여인, 간음한 현장에서 붙잡혀 사람들과 예수님 앞에 끌려나오기까지 그녀는 두렵고 치욕스런 상당한 죄의 심판을 이미 받았기에 그녀를 정죄하던 율법이 끝이 난 것이다. 이것이 죽음과 부활이다.

구원, 천국, 영생, 등 사람들이 염원하는 영원한 소망은 사람 속에 들어있는 육과 죄를 처리한 후에야 하나님께 얻을 수 있는 선물이다.

어떤 부자 청년이 예수님께 와서 영생 얻기를 간구했다. 그에게 예수님은 "네 소유를 팔아 가난한 자들에게 주라"라고 말씀하셨다. 소유를 많이 가지고 있는 '육'을 버려야 하늘의 보화 '영생'을 얻을 수 있기 때문이다. 그러나 부자 청년은 영생 얻기를 원했지만 그의 많은 소유를 버릴 수 없어 예수님을 떠나가고 말았다.

1. 영생은 천하제일의 고가품

> 어떤 사람이 주께 와서 가로되 선생님이여 내가 무슨 선한 일을 하여야 영생을 얻으리이까…예수께서 가라사대 네가 온전하고자 할찐대 가서 네 소유를 팔아 가난한 자들을 주라 그리하면 하늘에서 보화가 네게 있으리라 그리고 와서 나를 좇으라 하시니 그 청년이 재물이 많으므로 이 말씀을 듣고 근심하며 가니라 (마 19:16-22).

영생이란 옛사람인 육이 그리스도와 함께 죽고 그리스도와 함께 영으로 다시 거듭날 때 주어지는 새 생명이다. 이 영의 새 생명은 죄의 본질인 육의 생명과 공존할 수 없다. 이가 흥하면 저가 쇠하고 저가 흥하면 이가 쇠하는 것이 진리이다. 그리스도인이 그 육과 정을 십자가에 못박아야하는 이유가 여기에 있다.

> 우리가 항상 예수 죽인 것을 몸에 짊어짐은 예수의 생명도 우리 몸에 나타나게 하려함이라 우리 산자가 항상 예수를 위하여 죽음에 넘기움은 예수의 생명이 또한 우리 죽을 육체에 나타나게 하려 함이니라 그런즉 사망은 우리 안에서 역사하고 생명은 너희 안에서 하느니라(고후 4:10-12).

육의 생명은 육의 소유이다. 고로 육의 생명이 왕성한 사람은 육의 소유가 많은 부자이다. 자기 소유를 버릴 수 없어서 예수님을 떠나간 부자 청년과 같이 종교인들은 육의 소유를 버리지 아니하고 새 생명으로 거듭나기를 원하며 혹이 거듭난 줄로 착각하기도 한다.

예수께서 육의 소유가 많은 부자는 약대가 바늘귀로 들어갈 수 없듯이 천국에 들어가기가 어렵다고 말씀하신 것은 천국은 영의 나라이기에 육의 소유를 가지고는 결코 들어갈 수 없기 때문이다.

> 예수께서 제자들에게 이르시되 내가 진실로 너희에게 이르노니 부자는 천국에 들어가기가 어려우니라. 다시 너희에게 말하노니 약대가 바늘귀로 들어가는 것이 부자가 하나님의 나라에 들어가는 것보다 쉬우니라 하신대 제자들이 듣고 심히 놀라 가로되 그런즉 누가 구원을 얻을 수 있으리이까 예수께서 저희를 보시며 가라사대 사람으로는 할 수 없으되 하나님으로는 다 할 수 있느니라 이에 베드로가 대답하여 가로되 보소서 우리가 모든 것을 버리고 주를 좇았사오니 그런즉 우리가 무엇을 얻으리이까 예수께서 가라사대 내가 진실로 너희에게 이르노니 세상이 새롭게 되어 인자가 자기 영광의 보좌에 앉을 때에 나를 좇는 너희도 열두 보좌에 앉아 이스라엘 열두 지파를 심판하리라 또 내 이름을 위하여

> 집이나 형제나 자매나 부모나 자식이나 전토를 버린 자
> 마다 여러 배를 받고 또 영생을 상속하리라(마 19:23-29).

영생은 주를 위하여 집이나 형제나 부모나 자식이나 전토, 육의 모든 소유를 버리고 주 예수를 좇은 자들에게 씌워주실 생명의 면류관이다. 땅의 소유를 버리지 아니하고 하늘의 보화를 얻으려했던 부자 청년과 같이 영생은 열심 있는 종교심이나 값없는 감정적 의지 같은 것으로는 얻을 수 없다. 무궁한 세월을 사는 영원한 생명을 어찌 값없이 공으로 얻을 수 있겠는가? 영생은 자기 모든 소유를 팔아서 사야하는 천하제일의 고가품인 것이다.

> 천국은 마치 밭에 감추인 보화와 같으니 사람이 이를 발견한 후 숨겨두고 기뻐하여 돌아가서 자기의 소유를 다 팔아 그 밭을 샀느니라 또 천국은 마치 좋은 진주를 구하는 장사와 같으니 극히 값진 진주 하나를 만나매 가서 자기 소유를 다 팔아 그 진주를 샀느니라(마 13:44-46).

자기의 소유를 다 팔아 천국을 샀다 함은 궁극적으로 왕성한 육의 생명을 버리는 것을 의미한다. 살아 있는 사람이 이것이 어떻게 가능할까? 사람으로는 할 수 없는 그것을 하나님이 가능케 하기 위하여 독생자 예수를 이 땅에 보내신 것이다. 많은 열매를 맺히기 위해 한 알의 밀이 땅에 떨어져 썩음 같이 예수 그리스

도는 영원한 생명을 세상에 주시기 위해 육신의 생명을 버리셨다. 사망을 폐하신 예수 안에 있는 영생, 그를 따르는 자도 거기 있으리라!

> 내가 진실로 진실로 너희에게 이르노니 한 알의 밀이 땅에 떨어져 죽지 아니하면 한 알 그대로 있고 죽으면 많은 열매를 맺느니라. 자기 생명을 사랑하는 자는 잃어버릴 것이요 이 세상에서 자기 생명을 미워하는 자는 영생하도록 보존하리라 사람이 나를 섬기려면 나를 따르라 나 있는 곳에 나를 섬기는 자도 거기 있으리니 사람이 나를 섬기면 내 아버지께서 저를 귀히 여기시리라 (요 12:24-26).

2 하나님의 불변의 약속, 영생

그가 우리에게 약속하신 약속이
이것이니 곧 영원한 생명이니라
(요일 2:25).

> 예수께서 이르시되 내가 진실로 진실로 너희에게 이르노니 인자의 살을 먹지 아니하고 인자의 피를 마시지 아니하면 너희 속에 생명이 없느니라 내 살을 먹고 내 피를 마시는 자는 영생을 가졌고 마지막 날에 내가 그를 다시 살리리니 내 살은 참된 양식이요 내 피는 참된 음료로다 내 살을 먹고 내 피를 마시는 자는 내 안에 거하고 나도 그 안에 거하나니 살아계신 아버지께서 나를 보내시매 내가 아버지로 인하여 사는 것같이 나를 먹는 그 사람도 나로 인하여 살리라(요 6:53-57).

영생은 예수님의 살과 피를 먹고 마시는 자에게 주시는 하나님의 선물이다. 예수님의 살을 먹고 피를 마신다함은 그의 죽으심에 동참하는 것을 의미한다.

그리스도로 말미암아 세상이 나를 대하여 십자가에 못 박히고 내가 또한 세상에 대하여 그러하다고(갈 6:14) 말했던 사도 바울처럼 그 몸에 그리스도 십자가의 흔적을 가져야한다는 말이다. 인간의 정과 육을 십자가에 못 박은 영혼의 흔적을 가진 자만이 가질 수 있는 영생, 이 영원한 생명은 혹 어떤 사람들의 지식 속에나 존재하는 이론일 뿐 사단이 지배하는 세상에는 물론이거니와 십자가의 원수로 행하는 종교인들 안에는 존재하지 않는다.

예수께서 마르다의 오라비 나사로가 병들어 죽은 것을 보시고 그의 누이 마르다에게 이르시기를 네 오라비가 다시 살리라고 말씀하셨다. 이 때 "마르다가 가로되 마지막 날 부활 시에는 다시 살줄을 내가 아나이다"(요 11:24)라고 대답했다. 마지막 날에 다시 살줄을 믿는 마르다와 같이 종교인들은 부활을 그렇게 믿는다. 그러나 예수님은 마르다에게 이렇게 말씀하셨다.

> 예수께서 가라사대 나는 부활이요 생명이니 나를 믿는 자는 죽어도 살겠고 무릇 살아서 나를 믿는 자는 영원히 죽지 아니하리니 이것을 네가 믿느냐(요 11:25, 26).

예수님의 말씀과 같이 믿는 자는 죽어도 마지막 날에 다시 살아나거니와 살아생전에도 새 생명의 부활을 체험한다. 삼십여 년 세상과 간음하며 우상 숭배의 삶을 살아왔던 나는 예수 안에서 옛사람인 육이 점차 죽어가고 영의 새 사람으로 거듭나는 체험을 통해 새 생명을 증험하고 있다. 만일 부활이 없다면 나는 여전히 육의 사람으로 죄 가운데 있었을 것이다. 살아서 부활의 증험이 없는 사람은 죽어서 부활할 수 없다.

> 또 증거는 이것이니 하나님이 우리에게 영생을 주신 것과 이 생명이 그의 아들 안에 있는 그것이니라 아들이 있는 자에게는 영생이 있고 하나님의 아들이 없는 자에게는 생명이 없느니라 내가 하나님의 아들의 이름을 믿

> 는 너희에게 이것을 쓴 것은 너희로 하여금 너희에게 영생이 있음을 알게 하려 함이라(요일 5:11-13).

영으로 육의 행실을 죽이는 새 생명의 운동을 체험하는 것은 그리스도께서 죽은 자 가운데서 다시 살아 부활하신 연고이다. 믿는 자는 살아서도 이러한 부활의 생명을 증험하며, "내 아버지의 뜻은 아들을 보고 믿는 자마다 영생을 얻는 이것이니 마지막 날에 내가 이를 다시 살리리라"(요 6:40)는 약속대로 또한 그리스도의 날에 육신의 부활을 증험할 것이다.

"형제들아 내가 그리스도 예수 우리 주 안에서 가진바 너희에게 대한 나의 자랑을 두고 단언하노니 나는 날마다 죽노라 내가 범인처럼 에베소에서 맹수로 더불어 싸웠으면 내게 무슨 유익이 있느뇨 죽은 자가 다시 살지 못할 것이면 내일 죽을 터이니 먹고 마시자 하리라"(고전 15:31-32)고 말한 사도 바울과 같이 만약 죽은 자가 다시 사는 부활이 없다면 그리스도를 좇아 육의 생명을 십자가에 못박으며 좁은 길을 걸어온 하나님의 사람들은 세상에서 가장 어리석고 불쌍한 자일 것이다.

> 만일 죽은 자가 다시 사는 것이 없으면 그리스도도 다시 사는 것이 없었을 터이요 그리스도께서 다시 사신 것이 없으면 너희의 믿음도 헛되고 너희가 여전히 죄 가운데 있었을 것이요 또한 그리스도 안에서 잠자는 자

도 망하였으리니 만일 그리스도 안에서 우리의 바라는 것이 다만 이생뿐이면 모든 사람 가운데 우리가 더욱 불쌍한 자리라"(고전 15:16-19).

그러나 성경은 "너희 믿음의 시련이 불로 연단하여도 없어질 금보다 더 귀하여 예수 그리스도의 나타나실 때에 칭찬과 영광과 존귀를 얻게하려함이라"(벧전 1:7) 하심같이 사망을 이기신 예수 안에 있는 자들은 훗날 영광 중에 나타나실 그리스도와 함께 지극히 큰 상을 받게 될 것을 약속한다.

그리스도의 복음을 위하여 죽음을 방불케 하는 고난을 주저 없이 그 육체에 채웠던 사도 바울은 때문에 사망 밖에서 인류의 원수인 사망을 담대하게 책망했다. 이는 그가 사망을 멸하신 예수 안에 있으므로 사망이 다시 그를 주장하지 못할 줄을 확신했기 때문이다.

이 썩을 것이 썩지 아니함을 입고 이 죽을 것이 죽지 아니함을 입을 때에는 사망이 이김의 삼킨바 되리라고 기록된 말씀이 응하리라 사망아 너의 이기는 것이 어디 있느냐 사망아 너의 쏘는 것이 어디 있느냐 사망의 쏘는 것은 죄요 죄의 권능은 율법이라 우리 주 예수 그리스도로 말미암아 우리에게 이김을 주시는 하나님께 감사하노니 그러므로 내 사랑하는 형제들아 견고하며 흔

들리지 말며 항상 주의 일에 더욱 힘쓰는 자들이 되라
이는 너희 수고가 주 안에서 헛되지 않은 줄을 앎이니
라(고전 15:54-58).

주의 일이란 교회를 위해 헌신하는 일이나 세상에서 칭찬 듣는 선이나 자기 의를 쌓는 일이 아니라 도리어 세상과 자기를 부인하고 육을 죽이는 작업이다. 예수께서 이러한 하나님의 일을 우리에게 본을 보이시기 위하여 친히 십자가에 달려 육신이 죽으시고 부활하셨다. 그러기에 예나 지금이나 그 발자취를 따르는 하나님의 사람들은 죽음과 부활의 복음의 길을 걸어왔다.

자기 앞에 이른 치욕스런 죄의 값을 거절치 않고 받음으로써 하나님께서 그 저주 까닭에 선으로 갚아 주신 사람이 있었으니, 그가 바로 다윗 왕이다.

다윗이 아들 압살롬에게 쫓겨 바후림에 이를 때에 그곳에 베냐민 사람 게라의 아들 시므이라는 사울 집의 사람 한 명이 있었다. 그는 돌을 던지며 다윗왕과 그의 신복을 향해 저주했다.

시므이가 저주하는 가운데 이와 같이 말하니라 피를 흘린 자여 비루한 자여 가거라 가거라 사울의 족속의 모든 피를 여호와께서 네게로 돌리셨도다 그 대신에 네가

왕이 되었으나 여호와께서 나라를 네 아들 압살롬의 손
에 붙이셨도다 보라 너는 피를 흘린 자인고로 화를 자
취하였느니라(삼하 16:7, 8).

스루야의 아들 아비새가 이 죽은 개 같은 자의 저주함을 보
고 그의 머리를 베어 올것을 왕께 구하였으나 다윗은 그들의 분
노와 상관하지 아니하고 시므이의 저주를 마다않고 받았다. 다
윗이 이렇게 저주와 수욕을 참을 수 있었던 것은 자신이 처한
현실을 바라보지 아니하고 그것을 허락하신 하나님을 바라보았
기 때문이다.

왕이 가로되 스루야의 아들들아 내가 너희와 무슨 상관
이 있느냐 저가 저주하는 것은 여호와께서 저에게 다윗
을 저주하라 하심이니 네가 어찌 그리하였느냐 할 자가
누구겠느냐 하고 또 아비새와 모든 신복에게 이르되 내
몸에서 난 아들도 내 생명을 해하려 하거든 하물며 이
베냐민 사람이랴 여호와께서 저에게 명하신 것이니 저
로 저주하게 버려두라 혹시 여호와께서 나의 원통함을
감찰하시리니 오늘날 그 저주 까닭에 선으로 내게 갚아
주시리라(삼하 16:10-12).

그는 하나님께서 사울과 그의 아들들을 블레셋과의 전쟁에

붙여 죽게 하셨거늘 시므이는 다윗이 사울의 피를 흘려 왕이 되었고 그 까닭에 아들 압살롬의 반역을 당한다고 정죄했던 것이다. 그러나 다윗은 이전에 헷사람 우리아의 아내를 취하여 임신케 하고 그 죄를 은폐하기 위하여 충성스런 자기의 심복을 암몬 자손의 칼에 붙여 죽게했던 자신의 엄청난 죄를 알았기에 시므이를 들어 징계하시는 하나님의 매질을 순히 받을 수 있었던 것이다.

> 여호와께서 성읍을 향하여 외쳐 부르시나니 완전한 지혜는 주의 이름을 경외함이니라 너희는 매를 순히 받고 그것을 정하신자를 순종할지니라(미 6:9).

경악할 그의 죄 만큼이나 압살롬의 반역, 시므이의 저주, 하나님의 징계 또한 컸으나 하나님을 경외함으로 그 혹독한 매질을 순히 받았던 믿음의 사람 다윗에게 하나님은 그 저주까닭에 선을 베푸사 받은 고난과 족히 비교할 수 없는 영구한 영광을 허락하셨다. 이것이 하나님의 불변의 약속, 영생이다.

> 내가 또 저로 장자를 삼고 세계 열왕의 으뜸이 되게 하며 저를 위하여 나의 인자함을 영구히 지키고 저로 더불어 한 나의 언약을 굳게 세우며 또 그 후손을 영구케 하여 그 위를 하늘의 날과 같게 하리로다…내가 나의 거룩

함으로 한 번 맹세하였은즉 다윗에게 거짓을 아니할 것이라 그 후손이 장구하고 그 위는 해같이 내 앞에 항상 있으며 또 궁창에 확실한 증인 달 같이 영원히 견고케 되리라 하셨도다(시 89:27-37).

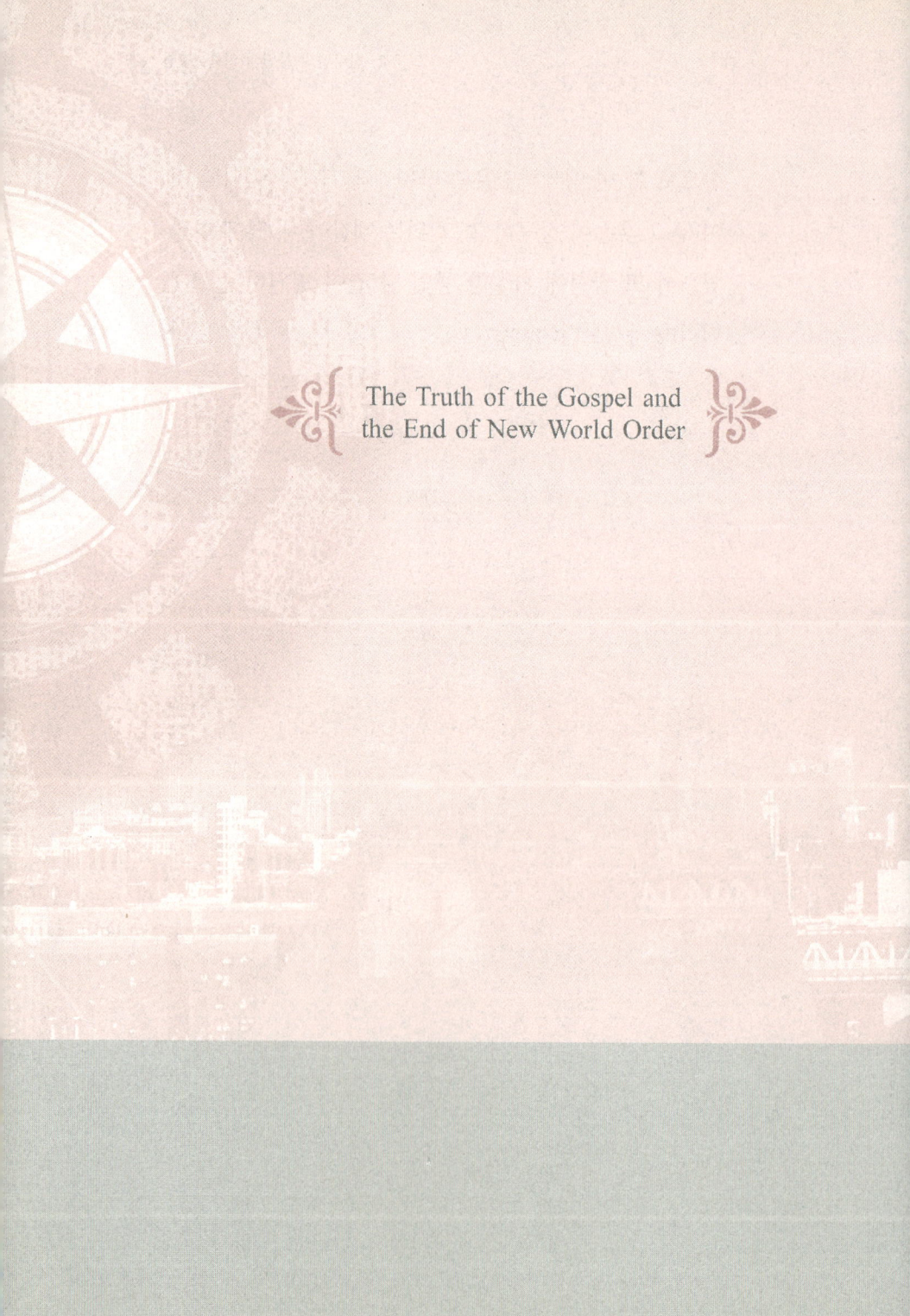
The Truth of the Gospel and the End of New World Order

3 천국은 침노하는 자의 것

> 침례 요한부터 지금까지
> 천국은 침노를 당하나니
> 침노하는 자는 빼앗느니라
> (마 11:12).

> 침례 요한부터 지금까지 천국은 침노를 당하나니 침노하는 자는 빼앗느니라(마 11:12).

침노는 싸워서 빼앗는다는 뜻이다. 이 구절을 어느 주석 성경에는 침례 요한 이후로부터 하나님 나라의 문이 모든 사람에게 개방되어 은총이 베풀어졌고 믿음만 있으면 들어갈 수 있게 된 사실을 가리킨다고 해석하고 있다. 지상 어디에도 조건 없이 마음만 가지고 이민 갈 수 있는 나라는 없다. 그곳이 많은 사람이 선망하는 살기 좋은 나라라면 이민의 조건은 더 까다롭고 그 문은 협착할 수밖에 없다.

나라의 이민뿐 아니라 명문대학의 입학이나 좋은 회사의 취업도 그것을 취득하기 위해서는 그곳에서 요구하는 상당의 준가를 지불해야 하는 것이 상식이리라. 하물며 무궁한 세월을 살 수 있는 하나님의 나라가 모든 사람에게 개방 되어 아무나 들어갈 수 있다니…그렇다면 그곳이 천국일 수 있겠는가?

그렇듯 천국 문이 개방되어 누구나 쉽게 들어갈 수 있다면 예수께서 천국은 침노하는 자가 빼앗는다고 말씀하시지 않았을 것이다. 누가복음서에도, 예수님은 "율법과 선지자는 요한의 때까지요 그 후 부터는 하나님 나라의 복음이 전파되어 사람마다 그리로 침입 하느니라"(눅 16:16)라고 말씀하셨다.

침입한다는 뜻 역시 싸우며 들어간다는 뜻이다. 거룩하신 하나님이 계신 천국은 깨끗지 못한 자는 출입이 금지된 곳이기에 죄와 싸워야 빼앗을 수 있으며 세상의 단 음식을 먹고 육이 살찐 인간이 들어가기에는 천국문은 매우 좁은 까닭에 육을 빼야 들어갈 수 있다.

> 거기 대로가 있어 그 길을 거룩한 길이라 일컫는바 되리니 깨끗지 못한 자는 지나지 못하겠고 오직 구속함을 입은 자들을 위하여 있게 된 것이라 우매한 행인은 그 길을 범치 못할 것이며 거기는 사자가 없고 사나운 짐승이 그리로 올라가지 아니하므로 그것을 만나지 못하겠고 오직 구속함을 얻은 자만 그리로 행할 것이며 여호와의 속량함을 얻은 자들이 돌아오되 노래하며 시온에 이르러 그 머리 위에 영영한 희락을 띠고 기쁨과 즐거움을 얻으리니 슬픔과 탄식이 달아나리로다(사 35:8-10).

마귀가 집권하고 있는 세상에서 하나님의 말씀을 지키며 사는 것은 세상과의 투쟁이며 영혼을 거스려 싸우는 육체의 정욕을 제어하는 것은 십자가의 고난이다. 이렇게 자신과 싸워 이긴 자에게 영원히 쇠하지 않는 의의 면류관을 머리에 씌워주실 것을 하나님은 약속하신다. 사도 바울은 세상을 떠나기 전에 선한 싸움을 싸웠던 그의 믿음의 역사를 이렇게 회고하고 있다.

> 관제와 같이 벌써 내가 부음이 되고 나의 떠날 기약이

가까왔도다 내가 선한 싸움을 싸우고 나의 달려갈 길을 마치고 믿음을 지켰으니 이제 후로는 나를 위하여 의의 면류관이 예비 되었으므로 주 곧 의로우신 재판장이 그 날에 내게 주실 것이니 내게만 아니라 주의 나타나심을 사모하는 모든 자에게니라(딤후 4:6-8).

왜 천국은 침노해야만 빼앗을 수 있으며 침입해야만 들어갈 수 있도록 그 문이 좁고 협착한 것일까? 그 대답을 기원의 책인 창세기에서 얻을 수 있다. 하나님이 지으신 아담과 하와가 범죄하기 전, 그때는 그들에게 하나님의 나라가 개방되어 있었고, 에덴동산에 하나님과 더불어 사는 은총이 있었다. 그러나 그들은 생명 되시는 여호와의 명을 어기고 마귀의 꾀에 미혹되어 그가 주는 실과를 따먹고 사망에 이르게 되었다. 사망의 독을 마신 아담과 하와가 동시에 생명나무의 실과를 따 먹고 영생할 수 없기에 여호와께서 에덴동산에서 그들을 쫓아내시고 생명나무의 길을 굳게 지키셨다.

여호와 하나님이 가라사대 이 사람이 선악을 아는 일에 우리 중 하나같이 되었으니 그가 그 손을 들어 생명나무 실과도 따먹고 영생할까 하노라 하시고 여호와 하나님이 에덴동산에서 그 사람을 내어 보내어 그의 근본된 토지를 갈게 하시니라 이같이 하나님이 그 사람을 쫓아

> 내시고 에덴동산 동편에 그룹들과 두루 도는 화염검을
> 두어 생명나무의 길을 지키게 하시니라(창 3:22-24).

이때로부터 사람이 하나님 나라에 들어갈 수 있는 문이 닫히게 되었다. 이러한 하나님의 뜻은 예수 그리스도로 말미암은 복음으로 침입하는 자에게만 하나님의 나라에 들어갈 자격을 부여하시기 위하심이다. 그러므로 하나님께 나아가는 길은 오직 예수 그리스도 밖에 다른 길은 없다.

> 다른 이로써는 구원을 얻을 수 없나니 천하 인간에 구
> 원을 얻을 만한 다른 이름을 우리에게 주신일이 없음이
> 니라 하였더라(행 4:12).

10여년 전만해도 영어점수 없이 일반이민을 신청할 수 있었던 뉴질랜드는 2002년부터 영어점수 IELTS 6.5점을 제출하도록 이민법이 바뀌었다. 이 제도는 비영어권 아시안들에게는 이민 문이 닫힌 셈이나 다름없었다. 그러나 아시안일지라도 높은 영어의 관문을 넘어 침입하는 자를 뉴질랜드는 거절하지 않았다. 이와 같이 하나님 나라에 들어가는 문이 비록 좁고 협착할지라도 산길이신 그리스도 예수를 힘입어 침입하는 자에게는 하늘 문은 열린다.

하나님의 사자와 씨름해서 기어이 축복을 얻어낸 야곱, 그는

그에게 축복하지 않으려 했던 하나님의 사자를 붙들고 밤이 맞도록 씨름하다 그에게 얻어맞아 환도 뼈가 위골 되면서 까지 포기하지 않았던 의지의 사람이었다. 하나님의 사자는 다리를 절면서까지 자기를 놓지 않았던 야곱에게 마침내 축복했다. 환도뼈를 치기 까지 야곱에게 축복하지 않으려했던 하나님의 사자의 냉정하고 굳은 자세는 끝까지 싸워 이긴 자를 구원하시려는 하나님의 구원의 방침이시다. 이것이 야곱에게 시험이었고 야곱은 이 시험에 옳다 인정함을 얻은 고로 이스라엘, 즉 이긴 자라는 위대한 이름을 얻게 되었던 것이다.

> 야곱은 홀로 남았더니 어떤 사람이 날이 새도록 야곱과 씨름하다가 그 사람이 자기가 야곱을 이기지 못함을 보고 야곱의 환도뼈를 치매 야곱의 환도뼈가 그 사람과 씨름할 때에 위골되었더라 그 사람이 가로되 날이 새려하니 나로 가게 하라 야곱이 가로되 당신이 내게 축복하지 아니하면 가게 하지 아니하겠나이다 그 사람이 그에게 이르되 네 이름이 무엇이냐 그가 가로되 야곱이니이다 그 사람이 가로되 네 이름을 다시는 야곱이라 부를 것이 아니요 이스라엘이라 부를 것이니 이는 네가 하나님과 사람으로 더불어 겨누어 이기었음이니라(창 32:24-28).

세상에서의 성공이나 하나님 나라의 입문도 시험의 관문을 통과하지 아니하고 얻을 수 있는 영광은 하늘과 땅 어디에도 없다. 죄를 지은 까닭에 하나님에게서 쫓겨나 바다에 선척을 띄우듯 파도처럼 밀려오는 역경을 헤치며 살아가는 인생의 삶 자체가 하나님 앞에 시험이다. 이 시험에 옳다 인정하심을 받은 자를 하나님은 그의 나라로 불러들이신다.

> 시험을 참는 자는 복이 있도다 이것에 옳다 인정하심을 받은 후에 주께서 자기를 사랑하는 자들에게 약속하신 생명의 면류관을 얻을 것임이라(약 1:12).

좁고 험난한 하나님의 시험을 육신을 가진 사람으로는 통과할 수 없다. 그렇기에 구원자이신 하나님을 의뢰해야 한다. 하나님의 능력을 의지하는 믿음이 시험을 이겨내는 힘이기 때문이다.

> 다시 너희에게 말하노니 약대가 바늘귀로 들어가는 것이 부자가 하나님의 나라에 들어가는 것보다 쉬우니라 하신대 제자들이 듣고 심히 놀라 가로되 그런 중 누가 구원을 얻을 수 있으리이까 예수께서 저희를 보시며 가라사대 사람으로는 할 수 없으되 하나님으로는 다 할 수 있느니라(마 19:24-26).

자신과 싸워 이긴 자에게 시상하는 올림픽의 금메달이나 월계관도 아무나 얻을 수 없는 영광이거늘 영원한 생명의 면류관을 얻는 시험이 어찌 쉬울 수 있으랴! 하나님의 사람들이 목숨 걸고 세상과 싸우며 천국을 침노하는 이유는 보이는 세상은 잠깐이요 보이지 않는 하나님의 나라는 영원하기 때문이다.

그러므로 우리가 낙심하지 아니하노니 겉 사람은 후패하나 우리의 속은 날로 새롭도다 우리의 잠시 받는 환난의 경한 것이 지극히 크고 영원한 영광의 중한 것을 우리에게 이루게 함이니 우리의 돌아보는 것은 보이는 것이 아니요 보이지 않는 것이니 보이는 것은 잠깐이요 보이지 않는 것은 영원함이니라(고후 4:16-18).

4 천국을 침노한 여인들

그러나 여자들이 만일 정절로써
믿음과 사랑과 거룩함에 거하면
그 해산함으로 구원을 얻으리라
(딤전 2:15).

인내로 자기 영혼을 구원한 성경속의 여인들을 상고해보자. 그들은 비록 연약한 여인일찌라도 천국을 침노하여 얻은 믿음의 용장들이다.

몸을 팔아 하나님의 나라를 빼앗은 한 여인이 있었으니 그는 유다의 며느리 다말이다. 유다에게 세 아들이 있었다. 장자였던 엘이 여호와의 목전에 악하므로 여호와께서 그를 죽이셨다. 형이 죽으면 아우가 형을 대신하여 씨를 유전하는 율법을 따라 유다가 둘째 아들인 오난을 형수에게 들여보내 남편의 아우된 본분을 행하게 하였으나 오난은 아우의 본분을 다하지 않았으므로 하나님께서 그도 죽이셨다. 유다가 셋째 아들 셀도 그의 형들과 같이 죽을까 염려하여 다말을 친정으로 보냈다.

그 후 유다의 아내가 죽었고 그가 다말이 있는 딤나로 올라왔다는 소문을 다말이 들었다. 그녀는 과부의 의복을 벗고 면박으로 얼굴을 가리고 창녀로 변장하여 유다에게로 들어가 결국 아브라함 가문의 혈통을 계승받았다.

자신을 창녀 자리에 내려놓으면서까지 유다의 씨를 얻어낸 다말은 유다에게서 베레스를 낳았고 이로 말미암아 그녀는 다윗의 자손 예수 그리스도의 세계에 당당히 그 이름을 올렸다.

> 아브라함과 다윗의 자손 예수 그리스도의 세계라 아브라함이 이삭을 낳고 이삭은 야곱을 낳고 야곱은 유다와 그 형제를 낳고 유다는 다말에게서 베레스와 세라를 낳

고 베레스는 헤스론을 낳고 헤스론은 람을 낳고(마 1:1-3).

어떤 주석 성경은 유다와 다말의 불륜으로 태어난 베레스가 아브라함과 다윗의 자손 예수 그리스도의 족보에 포함되었다고 힐난하지만 믿음의 조상 아브라함 가정의 이 불륜사건(?)이 창세기 삼십팔 장에 떳떳이 기록되어있는 까닭은 육은 무익하고 살리는 것은 영이기 때문이다. 영과 육은 대적관계인지라 육을 지닌 인간이 영의 하나님의 일을 함부로 폄론하는 것은 대단히 위험한 일이다.

너는 하나님 앞에서 함부로 입을 열지 말며 급한 마음으로 말을 내지 말라 하나님은 하늘에 계시고 너는 땅에 있음이니라 그런즉 마땅히 말을 적게 할 것이라 일이 많으면 꿈이 생기고 말이 많으면 우매자의 소리가 나타나느니라(전 5:2-3).

하나님의 나라를 침노하여 창녀의 자리까지 내려갔던 다말, 다른 인생보다 추하고 비천했던 그녀가 의젓이 영광스런 그리스도의 반열에 들게 된 것은 죽음과 부활의 예수 그리스도의 복음의 비밀을 드러내기 위함이다.

여호와께서 가라사대 보라 내 종이 형통하리니 받들어

높이 들려서 지극히 존귀하게 되리라 이왕에는 그 얼굴
이 타인보다 상하였고 그 모양이 인생보다 상하였으므
로 무리가 그를 보고 놀랐거니와 후에는 그가 열방을
놀랠 것이며 열왕은 그를 인하여 입을 봉하리니 이는
그들이 아직 전파되지 않은 것을 볼 것이요 아직 듣지
못한 것을 깨달을 것임이라 하시니라(사 52:13-15).

침노하여 그리스도의 계보에 오른 또 한 여인이 있다. 그녀는 나오미의 자부 모압여인 룻이다. 그녀의 시모 나오미가 남편과 두 아들을 잃은 뒤 두 자부와 함께 흉년이 들은 모압 지방을 떠나 유다 땅으로 돌아가려 할 때에 그 자부들에게 친정으로 돌아가기를 권했다. 나오미에게는 그들의 남편이 될 아들도 없고 다른 아무 소망이 없었기 때문이었다. 현실만을 바라본 큰 자부 오르바는 시모에게 입 맞추고 떠나갔으나 룻은 세 번이나 돌아가라는 나오미의 강권함을 뿌리치고 시모를 붙좇았다.

룻이 가로되 나로 어머니를 떠나며 어머니를 따르지 말고
돌아가라 강권하지 마옵소서 어머니께서 가시는 곳에 나
도 가고 어머니께서 유숙하시는 곳에서 나도 유숙 하겠나
이다 어머니의 백성이 나의 백성이 되고 어머니의 하나님
이 나의 하나님이 되시리니 어머니께서 죽으시는 곳에서
나도 죽어 거기 장사될 것이라 만일 내가 죽는 일 외에 어

머니와 떠나면 여호와께서 내게 벌을 내리시고 더 내리시
기를 원하나이다(룻 1:16-17).

나오미는 끝까지 자신을 따르는 며느리 룻에게 "내 딸아 내가 너를 위하여 안식할 곳을 구하여 너로 복되게 하여야 하지 않겠느냐"(룻 3:1)라고 축복했다. 나오미의 기도대로 룻은 하나님의 은혜로 그 땅의 유력한 자 보아스를 만나게 되어 그의 아내가 되었고 보아스의 아들을 낳아 이름을 오벳이라 하였는데 그는 다윗의 아비인 이새의 아비였다.

> 이에 보아스가 룻을 취하여 아내를 삼고 그와 동침하였더니 여호와께서 그로 잉태케 하심으로 그가 아들을 낳은 지라…나오미가 아기를 취하여 품에 품고 그의 양육자가 되니 그 이웃여인들이 그에게 이름을 주되 나오미가 아들을 낳았다하여 그 이름을 오벳이라 하였는데 그는 다윗의 아비인 이새의 아비였더라(룻 4:13-17).

인내의 믿음은 이렇듯 기적을 만들어 낸다. 아무 소망이 없으니 친정으로 돌아가라는 나오미의 세 번의 강권은 룻을 시험하는 믿음의 시련이었고 룻은 낙심하지 아니하고 끝까지 선을 행하여 어머니를 따랐으므로 마침내 그 이름이 그리스도의 세계에 오르는 지극한 영광을 얻게 된 것이다.

스스로 속이지 말라 하나님은 만홀히 여김을 받지 아니하시나니 사람이 무엇으로 심든지 그대로 거두리라 자기의 육체를 위하여 심는 자는 육체로부터 썩어진 것을 거두고 성령을 위하여 심는 자는 성령으로부터 영생을 거두리라 우리가 선을 행하되 낙심하지 말지니 피곤하지 아니하면 때가 이르매 거두리라(갈 6:7-9).

또 한 여인, 더러운 귀신 들린 어린 딸을 구원하기 위하여 낙심하지 아니하고 예수님의 긍휼을 앙망한 가나안 여인이 그녀이다.

가나안 여자 하나가 그 지경에서 나와서 소리 질러 가로되 내 주 다윗의 자손이여 나를 불쌍히 여기소서 내 딸이 흉악히 귀신 들렸나이다 하되 예수는 한 말씀도 대답지 아니하시니 제자들이 와서 청하여 말하되 그 여자가 우리 뒤에서 소리를 지르오니 보내소서 예수께서 대답하여 가라사대 나는 이스라엘집의 잃어버린 양 외에는 다른 데로 보내심을 받지 아니하였노라 하신대 여자가 와서 예수께 절하며 가로되 주여 저를 도우소서 대답하여 가라사대 자녀의 떡을 취하여 개들에게 던짐이 마땅치 아니하니라 여자가 가로되 주여 옳소이다마는 개들도 제 주인의 상에서 떨어지는 부스러기를 먹나이다 하니 이에 예수께서 대답하여 가라사대 여자야 네 믿음이 크도다 네 소원대로 되리라 하시니 그 시로부터 그의 딸이 낳으니라(마 15:22-28).

"의인이 나를 칠지라도 은혜로 여기며 책망할지라도 머리의 기름같이 여겨서 내 머리가 이를 거절치 아니할지라"(시 141:5)한 다윗처럼 가나안 여인은 예수님의 침묵과 거절, 그리고 박대에도 실족하지 아니하고 끝까지 예수님의 긍휼을 구해 마침내 그의 영혼과 딸을 구원했다. 믿음의 결국은 영혼의 구원받음이다.

그리스도의 계보에 들기 위하여 창녀의 자리에까지 자신을 내려놓았던 겸손한 여인 다말, 아무 소망이 없으니 친정으로 돌아가라는 나오미의 세 번의 강권에도 끝까지 시모를 붙좇았던 절개의 여인 룻, 예수님께 개 취급을 받기까지 세 번이나 거절당하면서도 포기하지 않았던 의지의 가나안 여인, 그들이 자기들의 처한 어려운 현실에 굴하지 아니하고 그 역경을 극복할 수 있었던 이유는 주의 판단은 의로우시고 주께서 나를 괴롭게 하심은 성실하심으로 말미암은 줄을 알았던 지혜가 있었기 때문이다.

사랑하는 자들아 너희를 시험하려고 오는 불 시험을 이상한 일 당하는 것같이 이상히 여기지 말고 오직 너희가 그리스도의 고난에 참예하는 것으로 즐거워하라 이는 그의 영광을 나타내실 때에 너희로 즐거워하고 기뻐하게하려 함이라 너희가 그리스도의 이름으로 욕을 받으면 복있는 자로다 영광의 영 곧 하나님의 영이 너희 위에 계심이라(벧전 4:12-14).

다말에게 아들을 주지 않았던 유다, 세 번이나 룻에게 친정으로 돌아가라고 강권했던 나오미, 가나안 여인의 간구를 냉정히 외면하셨던 예수님, 그들은 왜 그토록 간구하는 자들에게 무정하고 냉담했을까? 여기에 복음의 비밀이 있다. 그들에게 주었던 고통은 후일에 평안을 주기 위한 하나님의 시험이었고 그들에게 허락하신 미말의 인생은 그리스도의 날에 존귀한 자로 그 앞에 세우기 위한 하나님의 성실하신 뜻이었다.

주께서 내게 말씀하시고 또 친히 이루셨사오니 내가 무슨 말씀을 하오리까 내 영혼의 고통을 인하여 내가 종신토록 각근히 행하리이다…보옵소서 내게 큰 고통을 더 하신 것은 내게 평안을 주려하심이라 주께서 나의 영혼을 사랑하사 멸망의 구덩이에서 건지셨고 나의 모든 죄는 주의 등 뒤에 던지셨나이다(사 38:15-17).

제 **7** 부

천국을 침노한
나의 간증

The Truth of the Gospel and
the End of New World Order

1 땅에 떨어진 겨자씨

> 또 비유를 베풀어 가라사대
> 천국은 마치 사람이 자기 밭에
> 갖다 심은 겨자씨 한 알 같으니
> 이는 모든 씨보다 작은 것이로되
> 자란 후에는 나물보다 커서
> 나무가 되매 공중의 새들이 와서
> 그 가지에 깃들이느니라
> (마 13:31-32).

38년 전의 일이다.

시댁과 남편의 사랑 속에서 아들 둘을 기르며 행복의 꽃밭을 일구느라 여념 없이 살아갈 때에 우연히 이웃에 사는 이에게 전도를 받게 되었다. 그녀의 신실해 보이는 태도가 그리 거부되지는 않았지만 불교가문의 장손부인 내게는 거리가 먼 소리였다. 거부하지 않는 나의 태도가 아마도 전도 가능한 대상이라 여겼던지 그녀는 만날 때마다 한두 마디씩 전도의 말을 건네더니 어느 날 자기 교회의 사모와 함께 집을 방문했다. 그 사모가 전해 준 전도 내용은 정작 들려주어야 할 복음이 아닌 휴거, 지옥 위협적인 종말에 관한 것이었다.

처음 들어보는 종말론은 내게 매우 생소하고 자극적인 이야기였지만 평소에 남의 말 듣기를 경홀히 하지 않았던 나는 전하는 말을 유심히 들었고 의심서린 질문도 많이 했었다. 질문공세를 받고 그들은 돌아갔지만 그들이 남기고간 말들은 마음속에서 떠나지 않았다.

'그들이 믿는 바를 나는 믿을 수 없지만 만의 하나 사실이라면?'
'그렇다면 믿지 아니하는 나는 도래한다는 무시시한 종말의 환란을?'
'하지만 시댁과 남편의 높은 장벽을 어떻게 넘을 수가?'
'그렇다고 구더기도 죽지 않고 불치 듯 함을 받는다는 영원한 지옥 불에?'
'만일 그들이 말한바가 풍설이라면 사기당한 내 인생은 어디

서 보상받나?'
'차라리 듣지 않았더라면 좋았을 것을….'
파도처럼 밀려왔다 다시 밀려가는 생각들은 다람쥐 쳇바퀴 돌듯 나의 생각의 범주를 넘어설 수 없었다. 나는 성경에 기록된 진실을 알고 싶었다. 그 진실을 말해줄 사람을 찾다가 나를 전도했던 그녀의 교회로 나가보려고 마음먹었다. 그러나 뻔히 반대할 남편에게 차마 입을 열지 못해 여러 날을 지체하다 고민이 병목에 차오르자 수요 서녁예배를 참석해 보기로 결심하고 입을 열었다. 예상은 빗나가지 않았다. 완강히 반대하는 남편에게 오기로 맞서며 집을 나서려는데 결혼선물로 받았던 화장대 위에 탁상시계가 벽에 부딪쳐 굉음을 내며 박살나는 소리가 들렸다. 이것은 다가올 핍박을 알리는 선전포고였던 것이다.
남편과의 힘든 격투를 벌이고 혼자 찾아간 예배당은 '울산 성서침례 교회'라는 간판이 붙어있는 자그마한 교회였다. 그날 밤 나는 남편과 싸우며 참석한 보람도 없이 허탈하게 집으로 돌아왔다. 다시 주일 아침, 저녁예배를 여전히 남편과 싸워가며 참석했다. 그러나 역시 마음에 와 닿는 것이 없었다. 마지막 한번만 더 나가 보리라하고 수요 저녁예배에 참석했다.
그날의 설교는 예수님의 죽음에 관한 말씀이었다. 어린 시절 엄마를 따라 교회를 다니며 예수님이 인류를 위해 죽으셨다는 상식적인 지식은 가지고 있었던 터였다. 그 밤에 들은 말씀은 예수님의 죽음이 인류를 위한 것이 아니라 나를 위해 죽으셨다는 단순한 복음이었다. 나를 위해 죽으신 그 사랑이 마음을 사로잡았다. 쏟아지는 눈물을 감당 할 수 없었던 감격스러운 밤이었다. 이는 사람이 자기 채전에 갖다 심은 겨자씨 같은 생명의 씨앗이 마음 밭에 떨어지는 징후였으리라.

그 작은 생명의 씨앗은 곧 땅을 헤집고 싹을 내었고 그러한 생명의 운동은 서서히 생활 속에서 변화로 나타났다. 화장을 하지 않으면 문 밖을 나가지 않았던 중독된 화장도 말끔히 지워버렸고 곱게 장식했던 귀걸이 목걸이도 떼어 버리고 손톱 위에 메니큐어도 지워버린 모습에서는 사치스러웠던 옛사람의 모습을 찾아볼 수 없었다. 남편이 퇴근하여 집에 돌아올 무렵 혹시 바빠서 미쳐 화장을 하고 있지 못할 때면 뒤돌아서는 양 꾸짖어 보이며 나의 고운 모습을 좋아하던 남편이었기에 이러한 안팎의 변화들이 남편의 분노와 핍박을 더욱 가열시켰던 것이다.

열애 5년 만에 결혼한 남편과는 결혼생활 5년 동안 큰 싸움 한번 없었던 소문난 잉꼬부부였다. 회사와 남녀 구별된 장소 외에는 늘 곁에 붙어 있었던 아내가 자기 곁에서 멀어져 가는 배신감, 다른 사람처럼 변해 가는 이질감, 이단에 빠져드는 것 같은 불안감 외에도 부모님의 반대에 대한 우려까지 남편의 저항은 막강했다. 내게 소원을 두고 행하시는 하나님의 뜻을 말살시키려는 마귀의 역사는 처음부터 강세로 시작되었다.

저녁예배를 끝내고 돌아오는 길목에서 사자처럼 기다리고 있다가 완력으로 끌고 와서는 장롱 앞에 세워두고 주먹으로 얼굴을 치고 반동으로 돌아오는 얼굴을 다시 치는 가혹한 폭행, 교회 출입을 막기 위해 밖에서 출입문마다 대못을 박고 회사로 출근 했던 일, 차라리 죽어버리라고 두 손으로 목을 조르던 일, 마지막에는 스스로 목숨을 끊으려고 자동차를 타고 바다에 뛰어 들려했던 일.

어질었던 남편은 새끼 잃은 암곰처럼 폭군으로 변해 갔다. 가정을 뒤흔드는 핍박의 강풍은 이미 하나님께로 마음을 정한 나의 발걸음을 더 빨리 가도록 작용했다. 요란한 핍박의 소문은 "제영이 엄마 예수에 미쳐서 이혼한데!" 소문은 와전되어 사택 내로 번져 회사 총무과까지 들어갔고 가정을 파탄하는 교회는 이 바닥에서 쫓아내어야 한다며 교회에까지 불똥이 튀었다.

이러한 환란 속에서도 나를 붙들어 주었던 것은 하나님의 말씀이었다. 마태복음이 어디에 붙었는지도 모를 때였지만 힘들고 어려울 때면 성경을 열어 눈길이 가는 곳을 읽었다. 그때마다 전도자가 방문하여 필요한 말씀들을 찾아 보여 주듯이 적절한 말씀으로 내게 힘을 주셨고 지친 심령을 위로해 주셨다.

> 이것을 너희에게 이름은 너희로 내 안에서 평안을 누리게 하려 함이라 세상에서는 너희가 환란을 당하나 담대하라 내가 세상을 이기었노라(요 16:33).

적절할 때에 보여주셨던 말씀들은 하나님이 나와 함께 하신다는 사랑과 확신을 갖게 해 주었다. 혼자 천국가려고 가정을 이 지경으로 만드는 것이 옳으냐고 지탄했던 이웃친구에게 나를 위해 죽으신 예수님이 인도하시는 길이 비록 지옥이라 할지라도 나는 이 길을 가겠노라고 대답할 수 있었던 것도, 폭군 같은 남편에게 털 깎는 자 앞에 양같이 양순할 수 있었던 것도 하나님의 말씀의 능력이었다.

핍박은 우상을 섬겼던 지난날의 죄의 빚을 갚고 사단의 굴레에서 벗어나는 해산의 고통이며 하나님 나라의 합당한 자로 여김을 얻게 하는 시험의 관문이다. 그러므로 무릇 그리스도 예수 안에서 경건하게 살고자 하는 자는 핍박을 받으리라 하셨다.

> 이는 하나님의 공의로운 심판의 표요 너희로 하여금 하나님 나라에 합당한 자로 여기심을 얻게 하려함이니 그 나라를 위하여 너희가 또한 고난을 받느니라 너희로 환란 받게 하는 자들에게는 환란으로 갚으시고 환란 받는 너희에게는 우리와 함께 안식으로 갚으시는 것이 하나님의 공의시니(살후 1:5-7).

2 링 위에 올라온 시어머니

내가 세상에 화평을 주러 온 줄로 생각지 말라
화평이 아니요 검을 주러 왔노라
내가 온 것은 사람이 그 아비와,
딸이 어미와, 며느리가 시어미와
불화하게 하려 함이니

(마 10:34-35).

그렇게 완강하던 남편의 핍박이 한 풀 꺾이자 마치 패배한 선수의 바톤은 이어받고 링 위에 올라오는 레슬링 선수처럼 시어머니의 위협적인 핍박이 뒤를 이었다. 어느 날 부산에서 사시는 어머니가 소식도 없이 울산에 올라오셨다. 뜬금없이 올라오신 일과 평소와는 다른 어머니의 표정에서 불길한 예감을 하며 긴장하고 있는 내게 어머니는 애써 침착해 보이시며 입을 여셨다. 어디로 점을 치러 갔는데 그 사람이 며느리에게 심각한 일이 일어나고 있으니 지금 막지 않으면 큰일이 일어날 것이라고 했다며 나에게 무슨 일이 있느냐고 물으셨다.

상황을 가늠한 나는 어차피 한번은 부딪쳐야할 일이었기에 마음을 다잡고 "어머니 저 교회 나가고 있어요!" 짧게 대답했다. 우리 집은 대대로 불교 집안이며 맏며느리가 교를 바꾸면 조상이 노하여 집안에 큰 우환이 생긴다며 여러 사람들의 예를 장황하게 들어가며 힘써 설득하셨다. 하지만 나의 무언의 담담한 태도는 이미 굳어진 의지의 표출이었다.

시집온 후 어머니의 명을 한 번도 어기지 않았던 며느리의 무언의 반항? 어머니의 참았던 분노는 터지고 말았다. "우리 집은 망했네!" "우리 집은 망했네!" 방바닥을 치며 마치 초상난 집처럼 삼일을 통곡하시더니 무엇을 결심하시듯 심각한 어조로 나를 부르셨다. 무릎을 꿇고 다가앉은 내게 어머니는 "나는 맏며느리로 이 가문에 시집왔고 가문을 지킬 책임이 내게 있으니 너로 인해 가정이 망하는 것을 방관할 수 없다. 너는 가정을 택하든지 아니면 예수를 택하라." 곧 양자택일을 하라는 것이었다.

순간 나는 이 난감한 상황을 어떻게 해야 할지 머리 숙여 하나님께 도와주시기를 간절히 기도했다. 곧 말씀이 떠올랐다.

> 만일 네 손이나 발이 범죄케 하거든 찍어 내어버리라. 불구자나 절뚝발이로 영생에 들어가는 것이 두 손과 두 발을 가지고 영원한 불에 던지우는 것보다 나으니라. 만일 네눈이 너를 범죄케 하거든 빼어 내버리라 한눈으로 영생에 들어가는 것이 두 눈을 가지고 지옥 불에 던지 우는 것보다 나으니라(마 18:8-9).

"어머니 제겐 남편도 자식도 중요합니다. 그러나 예수님은 버릴 수 없어요!"

나는 믿음의 의지를 분명히 밝혔다. 그러자 어머니는 황당해 하시며 교회 다니는 사람은 많이 보았어도 너 같이 예수에 미친 사람은 처음 보았다며 이번엔 정신 이상자로 몰아세우기 시작했다.

갑자기 돌변한 사상, 쥐 같은 며느리가 고양이 같은 시어머니 앞에 담대한 태도, 여러 날 동안 핍박으로 시달려 초췌해진 모습, 화장을 지워버린 누리 탱탱한 얼굴, 꾸미지 않아 촌닭으로 변한 모양새는 어머니의 눈에는 미친 사람으로 보이기에 충분했을 테지만 나는 정작 우상에게 미친 데서 하나님께로 돌아가고 있었던 것이다.

　이렇게 사상이 변한 나를 어머니는 공산당보다 더 무서운 년이라며 욕설을 퍼부었다. 이는 그 어떤 위협이나 핍박도 나를 하나님의 사랑에서 끊을 수 없었기 때문이었다.

> 누가 우리를 그리스도의 사랑에서 끊으리오 환란이나 곤고나 핍박이나 기근이나 적신이나 위험이나 칼이랴 기록된바 우리가 종일 주를 위하여 죽임을 당케 되며 도살할 양같이 여김을 받았나이다 함과 같음이라 그러나 이 모든 일에 우리를 사랑하시는 이로 말미암아 우리가 넉넉히 이기느니라 내가 확신하노니 사망이나 생명이나 천사들이나 권세 자들이나 현재일이나 장래일이나 능력이나 높음이나 깊음이나 다른 아무 피조물이라도 우리를 우리 주 그리스도 예수 안에 있는 하나님의 사랑에서 끊을 수 없으리라(롬 8:35-39).

　남편만을 알고 살림 잘 살았던 자랑스러웠던 며느리가 하루 아침에 정신이 돌아버린 기가 막힌 가정의 우환을 수습하려는 듯 의지의 모습으로 부산으로 내려가신 어머니는 며칠 후 나를 정신병원에 강제 입원 시키려고 친정식구들과 함께 오셨다. 예수에게 미친것이지 정신이 미친것이 아니라는 남편의 설득으로 정신병원으로 끌려가는 위기는 모면했으나 어머니의 능욕과 학대는 계속되었다.

　교회와 분리시키려는 남편의 의도인 듯, 우리는 요란한 핍박으로 이웃과 회사까지 소문난 울산을 떠나 서울로 이사하게 되었다. 어머니는 "내 눈에 흙이 들어가기 전에는 세상 끝까지라도 따라가서 너를 예수 못 믿게 하겠다"며 곧 서울로 따라 올라 오셨다. 어머니의 핍박은 사뭇 위협적이었다.

　"소리 나지 않는 총이 있으면 너를 쏴 죽이고 싶다", "칼로 난도질해서 죽이고 싶다"며 부들부들 치를 떠시며 날마다 자정을 넘는 깊은 밤까지 폭우처럼 퍼붓는 악담과 욕설, 살기 등등한 어머니의 핍박은 지칠 줄 모르고 계속되었다.

　이러한 핍박 속에서도 나는 일주일에 세 번의 예배를 드리기 위해 예배당에 가는 것을 쉬지 않았다. "어머니 교회 다녀오겠습니다!" 아이를 업고 도망치다시피 현관문을 나서려는데 성경가방을 둘러맨 어깨를 뒤 흔들어 나는 아이를 업은 채 바닥에 내던져졌다.

　다시 비틀거리며 일어나 밖으로 나가는 등 뒤에서 "자동차에 두 다리 몽창나가라!"고 힘주어 내뱉었던 어머니의 끔찍한 저주가 들려왔다. 얼마 후에 어머니는 양쪽 다리에 심한 골수염이 발병하여 여러 번의 수술을 받으시며 삼 년 여간 모진 고생을 하셨다.

> 저가 저주하기를 좋아하더니 그것이 자기에게 임하고
> 축복하기를 기뻐하지 아니하더니 복이 저를 멀리 떠
> 났으며 또 저주하기를 옷입듯하더니 저주가 물같이
> 그 내부에 들어가며 기름같이 그 뼈에 들어갔나이다
> (시 109:17-18).

맏며느리로서 매년 수차례 치러야하는 제사 역시 내게 또 하나의 넘어야 할 크레바스였다. 시댁의 본적은 경상북도 청도, 봉건제도적 가정에서 맏며느리가 제사를 폐하는 일은 용납할 수 없는 일이었다. 때문에 중학교 교장이셨던 시아버지는 언제나 과묵하셨지만 핍박의 동조자로 항상 뒤에 계셨다. 어느 날 서울에 다니러 오신 시아버지는 "이 후에 우리들의 사후 장례식과 제사를 어떻게 하겠느냐"라고 정중하게 물으셨다.

명절이든 제사 때이든 이미 목숨을 내놓고 제사에 동참하지 않았던 터인데 새삼스런 질문은 어떤 결판의 의미로 읽혀졌다. "언제라도 제사는 드릴 수 없습니다." 시아버지는 "알았다 이것으로 너희들과의 인연은 끝났다"하시며 집으로 돌아가셨다. 세상의 제도 아래 살면서 만민의 법과 다른 믿음의 법을 지키며 사는 것은 고비고비 악한 영과의 사투였다.

> 의를 위하여 핍박을 받는 자는 복이 있나니 천국이 저
> 희 것임이라 나를 인하여 너희를 욕하고 핍박하고 거짓

으로 너희를 거스려 모든 악한 말을 할 때에는 너희에게 복이 있나니 기뻐하고 즐거워하라 하늘에서 너희의 상이 큼이라 너희 전에 있던 선지자들을 이 같이 핍박하였느니라(마 5:10-12).

The Truth of the Gospel and
the End of New World Order

3 조상에게 절하라 그리하면 살리라

우리를 저희 이에 주어
씹히지 않게 하신 여호와를 찬송할지로다
우리 혼이 새가 사냥꾼의 올무에서
벗어남같이 되었나니
올무가 끊어지므로 우리가 벗어났도다
우리의 도움은 천지를 지으신
여호와의 이름에 있도다
(시 124:6-8).

그 얼마 후, 건강하시던 시아버지는 갑자기 병석에 눕게 되셨다. 위암 말기라는 청천벽력과 같은 진단을 받게 되었고 어머니는 병원 입원 중에도 한약과 민간요법, 무당의 대굿까지, 아버지를 살리려는 노력은 필사적이었다.

병세가 점점 악화 되어 갈 무렵 어머니는 은밀히 나를 빈 병실로 부르셨다. 긴장한 표정으로 입을 열어 하시는 말인즉 어떤 용한 점쟁이가 장손이 교를 바꾸어서 조상들이 노하여 아버지의 목을 잡고 죽이려하니 장손이 조상 앞에 무릎 꿇고 절하면 조상들이 아버지를 살려 주겠다고 한다며 단 한 번만 조상 앞에 절을 해달라는 것이었다.

잔악히 발뒤꿈치를 물어뜯으며 나의 믿음을 무너뜨리려는 사단의 계략에 나는 몸을 떨며 "죽어도 그렇게 할 수 없어요!" 한 번만 절하면 아버지를 살릴 수 있다고 애걸하시는 어머니 앞에서 벌떡 일어나 병실을 뛰쳐나왔다. 그 후부터 나는 발붙일 곳 없는 가족의 왕따가 되어 고달픈 간병의 날들을 보내야 했다.

> 내가 세상에 화평을 주러 온 줄로 생각지 말라 화평이 아니요 검을 주러 왔노라 내가 온 것은 사람이 그 아비와 딸이 어미와 며느리가 시어머니와 불화하게 하려 함이니 사람의 원수가 집안 식구리라(마 10:34-36).

나는 딸같이 다정한 며느리였고 어머니 입에는 그런 며느리의 자랑이 가득했던 보기 드문 고부간이었건만 서로 다른 영의 소속은 이렇게 두 사이를 원수로 갈라놓았다 이 싸움은 분명 혈과 육에 대한 것이 아니요 악의 영들에 대한 것임을 나는 증험할 수 있었다.

며칠 후 시아버지는 기어이 운명을 달리 하셨다. 하루아침에 아버지를 죽인 불효막심한 자식이 되어버린 나는 또 다시 맏상제이면서 불교식 장례 절차에 동참할 수 없는 주변인으로 장례식을 치루어야 했다. 가족, 친지, 문상객들이 엎드려 절하는 가운데서 우스꽝스러운 장승처럼 뻗치고 서서 곤욕스러운 삼일장을 치뤘다. 발인하던 날 비가 내렸다. 자동차에서 내려 고향 선산으로 향하던 운구행렬은 빗속에서 구슬픈 장송곡을 부르며 산을 오르다 서고 또 오르다 서서 맏상제의 절을 받아야 떠나겠다며 빗속에서 멈춰서기를 수차례, 윤리와 효행을 저버린 패륜을 보다 못한 친척 어른들이 "니, 너무 한데이" 혀를 차고 등을 밀어대며 절을 강요했다.

나의 영혼을 악착같이 굴복시키려는 사단의 전략은 집요했다. 머리에 베수건을 쓰고 중죄인같이 머리를 떨구고 서있는 나의 행색은 비에 젖고 비난과 욕설에 얻어맞아 지칠대로 지친 절인 파김치 같았지만 속사람은 죽으면 죽으리라고 결단한 전시중의 군사같았다.

나의 앉고 일어섬을 항상 지켜보시는 나의 하나님은 적은 능력을 가지고 하나님의 말씀을 지키며 그리스도의 이름을 배반치 아니한 나의 믿음을 보시고 받은 고난과 족히 비교할 수 없는 은총을 후일에 베풀어 주셨다. 고난의 추억들을 회고하면서 내 영혼을 사자의 입에서 건져주신 하나님의 사랑이 다시금 가슴에 메어 오른다.

> 사람들이 우리를 치러 일어날 때에 여호와께서 우리 편에 계시지 아니하셨더면 그때에 저희의 노가 우리를 대하여 맹렬하여 우리를 산채로 삼켰을 것이며 그 때에 물이 우리를 엄몰하며 시내가 우리 영혼을 잠갔을 것이며 그 때에 넘치는 물이 우리 영혼을 잠갔을 것이라 할 것이로다 우리를 저희 이에 주어 씹히지 않게 하신 여호와를 찬송할지로다 우리 혼이 새가 사냥꾼의 올무에서 벗어남같이 되었나니 올무가 끊어지므로 우리가 벗어났도다 우리의 도움은 천지를 지으신 여호와의 이름에 있도다(시 124:2-8).

4 핍박을 이긴 사랑의 힘

그 사랑하는 자를 의지하고
거친 들에서 올라오는 여자가 누구인고.....
(아 8:5).

이러한 나를 어떤 이들은 집념의 사람이라 말한다. 사랑하는 자를 의지하고 거친 들에서 올라오는 술람미 여인처럼 핍박의 거친 들을 헤치고 천국을 침노할 수 있었던 것은 나의 의지가 아닌 하나님의 사랑의 힘이었다.

> 그 사랑하는 자를 의지하고 거친 들에서 올라오는 여자가 누구인고…너는 나를 인같이 마음에 품고 도장같이 팔에 두라 사랑은 죽음같이 강하고 투기는 음부같이 잔혹하며 불같이 일어나니 그 기세가 여호와의 불과 같으니라 이 사랑은 많은 물이 꺼치지 못하겠고 홍수라도 엄몰하지 못하나니 사람이 그 온 가산을 다 주고 사랑과 바꾸려할지라도 오히려 멸시를 받으리라(아 8:5-7).

하나님의 사랑은 예수 그리스도의 복음으로 귀결된다. 때문에 복음에 순종함으로 죄 사함 받은 자만이 하나님을 진정으로 사랑할 수 있다. 다시 말하면 하나님을 사랑하는 것은 죄 사함의 증거로써 많이 사함 받은 자는 많이 사랑하게 된다. 예수께서 바리새인 집에 들어가 앉으셨을 때에 어떤 죄인 한 여자가 예수님께 매우 귀한 향유를 가지고 와서 예수님의 발에 부으며 머리털로 씻으며 그 발에 입 맞추었다. 이는 그녀가 예수님께 자기의 많은 죄를 사함 받은 까닭이었다.

그러나 이 사랑의 관계를 알리 없었던 바리새인들은 값비싼

향유를 낭비하는 여인과 그것을 방관하시는 예수님을 비난하며 정죄했다. 이렇듯 미련한 계집은 항상 자기 성문에 앉아 떠들게 마련이다. 이것을 보시고 예수님은 베드로에게 가르쳐 이르셨다.

> 가라사대 빚 주는 사람에게 빚 진자가 둘이 있어 하나는 오백 데나리온을 졌고 하나는 오십 데나리온을 졌는데 갚을 것이 없으므로 둘 다 탕감하여 주었으니 둘 중에 누가 저를 더 사랑하겠느냐 시몬이 대답하여 가로되 제 생각에는 많이 탕감함을 받은 자니이다 가라사대 네 판단이 옳다 하시고…이러므로 내가 네게 말하노니 저의 많은 죄가 사하여졌도다 이는 저의 사랑함이 많으니라 사함을 받은 일이 적은 자는 적게 사랑하느니라 이에 여자에게 이르시되 네 죄 사함을 얻었느니라 (눅 7:41-48).

하나님의 사랑, 사람들은 이 말을 맹목적으로 좋아한다. 그러나 세상에 하나님을 사랑하는 사람은 흔치 않다. 왜냐하면 하나님을 사랑하는 것은 사람의 감정이나 의지같은 것으로 말미암는 것이 아니라 하나님께 죄를 사함 받은 자가 하나님을 사랑하기 때문이다. 이것이 사랑의 법칙이거늘 종교인들은 죄 사함의 근거 없이 말로 하나님의 사랑을 운운하며 입으로 사랑을 노래한다. 이것은 이욕을 좇는 거짓된 사랑이다.

> 백성이 모이는 것같이 네게 나오며 내 백성처럼 네 앞에 앉아서 네 말을 들으나 그대로 행치 아니하니 이는 그 입으로는 사랑을 나타내어도 마음은 이욕을 좇음이라(겔 33:31).

하나님의 사랑은 율법의 완성이자 믿음의 초석이 되며 막강한 세상과 자신을 이기는 원동력이 된다. 나는 이 사랑의 힘으로 쓰나미 같은 핍박을 넘었고 험악한 마귀의 세상을 이겨내었다.

부모의 사랑을 받아보지 못한 고아는 부모의 사랑을 알지 못한다. 그렇듯 하나님의 사랑을 받아보지 못하고 죄 속에서 살아가는 사람들은 하나님의 사랑을 알지 못하므로 세상과 자기를 결코 버릴 수 없다. 왜냐하면 하나님을 사랑하는 것은 나를 미워하는 것이다.

사람들은 전도를 위하여 위험한 오지로 선교를 떠나거나 교회를 위하여 몸을 내어던지는 헌신, 이웃을 위해 재물을 드리는 구제 등 자기를 쌓으려는 선행을 하나님을 사랑하는 행위로 착각한다.

"그날에 많은 사람이 나더러 이르되 주여 주여 우리가 주의 이름으로 선지자 노릇하며 주의 이름으로 귀신을 쫓아내며 주의 이름으로 많은 권능을 행치 아니하였나이까 하리니 그때에 내가 저희에게 밝히 말하되 내가 너희를 도무지 알지 못하니 불법을 행하는 자들아 내게서 떠나가라 하리라"(마 7:22-23) 하심같이 이 모든 것을 행할지라도 삶 가운데서 하나님의 계명, 즉 죽음과 부활의 복음을 준행치 않는 자는 생명의 주를 사랑치 않는 것이기에 하나님은 이를 인정치 않으신다.

> 내가 사람의 방언과 천사의 말을 할지라도 사랑이 없으면 소리 나는 구리와 울리는 꽹과리가 되고 내가 예언하는 능이 있어 모든 비밀과 모든 지식을 알고 또 산을 옮길 만한 모든 믿음이 있을 지라도 사랑이 없으면 내가 아무것도 아니요 내가 내게 있는 모든 것으로 구제하고 또 내 몸을 불사르게 내어 줄지라도 사랑이 없으면 내게 아무 유익이 없느니라(고전 13:1-3).

하나님을 사랑한다함은 하나님 입의 말씀을 사랑하고 그 계명을 지킨다 함이요 하나님을 사랑하노라 하면서 육체와 마음이 원하는 대로 세상과 간음하며 우상 숭배하는 자는 거짓말하는 자로써 예수 그리스도의 십자가의 원수인 것이다.

> 또 사랑은 이것이니 우리가 그 계명을 좇아 행하는 것이요 계명은 이것이니 너희가 처음부터 들은바와 같이 그 가운데서 행하라 하심이라(요이 6절)

하나님을 사랑하는 자는 하나님께로 난 자로써 하나님의 심장과 성품을 지니게 된다. 때문에 사랑에는 세상과 구별되는 행위의 열매가 절로 맺힌다. "그의 열매로 그들을 알지니 가시나무에서 포도를 또는 엉겅퀴에서 무화과를 따겠느냐 이와 같이 좋은 나무마다 아름다운 열매를 맺고 못된 나무가 나쁜 열매를 맺나니 좋은 나무가 나쁜 열매를 맺을 수 없고 못된 나무가 아름다운 열매를 맺을 수 없음같이"(마 7:16-18) 세상을 미워하며 자신을 쳐서 복종케하는 행함이 없는 믿음은 하나님을 사랑치 않는다는 증거이다. 때문에 아름다운 열매를 맺지 아니하는 나무마다 찍혀 불에 던지우리라 하셨다. "그런즉 믿음, 소망, 사랑 이 세 가지는 항상 있을 것인데 그 중에 제일은 사랑이라"(고전 13:13) 하신 이유가 여기에 있다.

> 사랑은 오래 참고 사랑은 온유하며 투기하는 자가 되지 아니하며 사랑은 자랑하지 아니하며 교만하지 아니하며 무례히 행치 아니하며 자기 유익을 구치 아니하며 성내지 아니하며 악한 것을 생각지 아니하며 불의를 기뻐하지 아니하며 진리와 함께 기뻐하고 모든 것을 참으며 모든 것을 믿으며 모든 것을 바라며 모든 것을 견디느니라(고전 13:4-7).

진정한 사랑은 인간의 육정에서 나오는 감정이나 의지가 아닌 하나님의 생명으로부터 나오는 신격의 삶이다. 이러한 사랑은 하나님께 속한 것으로 세상에는 존재하지 않는다. 친구의 우정도, 부부간의 애정도, 부모의 사랑마저도 궁극적으로 얻기 원하는 육신적 자기 중심에서 기인한 것이기에 상황과 감정에 따라 변한다. 그러나 하나님은 영원한 생명을 우리에게 주시기 위하여 그 아들을 세상에 보내어 우리를 대신하여 죽임을 당케 하셨다. 사람이 친구를 위하여 자기 목숨을 버리면 이에서 더 큰 사랑이 어디 있겠는가?

> 사랑하는 자들아 우리가 서로 사랑하자 사랑은 하나님께 속한 것이니 사랑하는 자마다 하나님께로 나서 하나님을 알고 사랑하지 아니하는 자는 하나님을 알지 못하나니 이는 하나님은 사랑이심이라 하나님의 사랑이 우리에게 이렇게 나타난바 되었으니 하나님이 자기의 독생자를 세상에 보내심은 저로 말미암아 우리를 살리려 하심이니라 사랑은 여기 있으니 우리가 하나님을 사랑한 것이 아니요 오직 하나님이 우리를 사랑하사 우리 죄를 위하여 화목제로 그 아들을 보내셨음이니라(요일 4:7-10).

나는 이 하나님의 사랑을 깨달은 후 마치 어느 님의 사랑의 마법에 걸린 듯 마음과 성품과 뜻, 삶 전체가 서서히 하나님의 것으로 변해갔다.

내가 즐기던 사치도, 좋아하던 여행도, 꽃과 정원을 가꾸던 취미도, 애착하던 물질도, 사랑하던 남편과 자식도 이제 내게 의미가 없어졌다. 왜냐하면 하나님의 사랑이 이것들보다 더 크고 값지기 때문이다. "너희가 어찌하여 마하나임의 춤추는 것을 보는 것처럼 술람미 여자를 보려느냐"(아 6:14) 하심 같이 눈에 보이지 아니하는 하나님의 사랑에 빠져 삶이 현저히 변해가는 나를 주변 사람들은 물론 가족들까지도 이해하지 못했다. 때문에 비난을 받을지라도 하나님만을 사랑하는 나를 하나님이 사랑하시는 줄을 내가 알고 이제도 크고 비밀한 하나님의 은총을 받고 있으며 이 후에도 나를 위해 쌓아둔 하늘의 복을 누릴 것을 확신하는 나는 진실로 행복자이다. 이것이 나의 간증이요 찬송이다.

> 나는 나의 사랑하는 자에게 속하였구나 그가 나를 사모하는 구나 나의 사랑하는 자야 우리가 함께 들로 가서 동네에서 유숙하자 우리가 일찌기 일어나서 포도원으로 가서 포도 움이 돋았는지, 꽃술이 퍼졌는지, 석류꽃이 피었는지 보자 거기서 내가 나의 사랑을 네게 주리라 합환채가 향기를 토하고 우리의 문 앞에는 각양 귀한 실과가 새것, 묵은 것이 구비하였구나 내가 나의 사랑하는 자 너를 위하여 쌓아둔 것이로구나(아 7:10-13).

제8부

길은 있다

{ The Truth of the Gospel and the End of New World Order }

1 지금은 금식이 필요한 시대

여호와의 말씀에
너희는 이제라도 금식하며 울며 애통하고
마음을 다하여 내게로 돌아오라 하셨나니
너희는 옷을 찢지 말고 마음을 찢고
너희 하나님 여호와께로 돌아올찌어다
(욜 2:12-13).

사람은 적신으로 세상에 태어나 일평생 살아가면서 가정과 사회, 혈육과 재물, 지식과 명예 등 참으로 많은 소유를 가지게 된다. 세상에서는 이러한 소유를 많이 가지고 있는 사람을 부한 자라고 한다. 그러나 하나님의 나라에서는 물리적 소유가 많든 적든 그것을 많이 가지고자 하는 인간의 욕구, 즉 본능적 탐심을 가진 모든 사람을 부자라고 일컫는다. 땅에 붙어사는 사람들은 그 본능적 탐심으로 누구나 부자 되기를 애쓰지만 하늘에 계신 하나님은 부자는 천국에 들어갈 수 없다고 말씀하신다. 그 이유는 육체의 소욕은 성령을 거스리고 성령의 소욕은 육체를 거스리는 영과 육은 서로 대적관계이기 때문이다.

> 내가 이르노니 너희는 성령을 좇아 행하라 그리하면 육체의 욕심을 이루지 아니하리라 육체의 소욕은 성령을 거스리고 성령의 소욕은 육체를 거스리나니 이 둘이 서로 대적함으로 너희의 원하는 것을 하지 못하게 하려 함이니라(갈 5:16-17).

그러므로 영혼을 거스려 싸우는 육체의 정욕을 죽이지 아니하면 천국에 들어갈 수 없다. 육체의 정욕을 죽이는 훈련이 금식이다. 국가대표 선수들이 올림픽에 출전하기 위해 가족과 친구들을 외면하고 태능 선수촌에 입단하여 자신과 싸우는 맹훈련을 받듯이 하나님의 나라에 들어가려면 성령으로 세상과 자기를 부인하는 금식의 훈련을 받아야 한다. 때문에 사도 바울은 그의 제자들에게 마음을 굳게 하여 이 믿음에 거하라고 당부했다.

> 제자들의 마음을 굳게 하여 이 믿음에 거하라 권하고 또 우리가 하나님 나라에 들어가려면 많은 환란을 겪어야 할 것이라(행 14:22).

금식의 훈련이라 함은 혹이 수도사의 고행처럼 이해 할 수 있겠으나 그것은 의를 세우기 위해 스스로 육체의 고난을 자행하는 고통이 그 소득이 된다. 하지만 하나님이 명하시는 금식은 하나님 나라의 좁은 문을 통과하기 위해 육을 깎아내는 죽는 훈련이기는 하나 성령안에서 부활에 이르는 영광이 그 소득이다.

> 내가 기뻐하는 금식은 흉악의 결박을 풀어 주며 멍에의 줄을 끌러 주며 압제 당하는 자를 자유하게 하며 모든 멍에를 꺾는 것이 아니겠느냐 또 주린 자에게 네 양식을 나누어 주며 유리하는 빈민을 집에 들이며 헐벗은 자를 보면 입히며 또 네 골육을 피하여 스스로 숨지 아니하는 것이 아니겠느냐 그리하면 네 빛이 새벽 같이 비칠 것이며 네 치유가 급속할 것이며 네 공의가 네 앞에 행하고 여호와의 영광이 네 뒤에 호위하리니 네가 부를 때에는 나 여호와가 응답하겠고 네가 부르짖을 때

에는 내가 여기 있다 하리라(사 58:6,8,9).

좁은 문으로 들어가라 멸망으로 인도하는 문은 크고 그 길이 넓어 그리로 들어가는 자가 많고 생명으로 인도하는 문은 좁고 그 길이 협착하여 찾는 이가 적음이니라 (마 7:13-14).

생명으로 인도하는 문은 이렇듯 좁고 협착한 길이기에, 적은 무리여 무서워말라 너희는 아버지께서 그 나라를 너희에게 주기를 기뻐하시느니라(눅12:32) 하심같이 들어오는 자가 적다. 하나님께서 죄악이 관영한 소돔과 고모라성을 멸하려 하실 때에 그 성에 의인 열 명이 있어도 그 성을 멸하지 아니하시겠다고 하셨으며 패역한 예루살렘을 멸하려 하실 때에도 그 성에 한 사람의 의인을 찾으면 그 성을 사하시리라고 말씀하신 것이 이 까닭이다.

너희는 예루살렘 거리로 빨리 왕래하며 그 넓은 거리에서 찾아보고 알라 너희가 만일 공의를 행하며 진리를 구하는 자를 한 사람이라도 찾으면 내가 이 성을 사하리라 그들이 여호와의 사심으로 맹세 할지라도 실상은 거짓 맹세니라(렘 5:1-2).

경기하는 자가 법대로 경기하지 아니하면 면류관을 얻지 못하듯이 많은 사람이 예수님의 이름으로 믿음을 맹세 할지라도 하나님께서 그들의 믿음을 인정치 아니하시는 이유는 그들이 하나님의 의를 모르고 자기 의를 세우려고 힘써 하나님의 의를 복종치 아니하기 때문이다. 이것은 속이는 활 같은 거짓맹세인 것이다.

> 내가 저희를 구속하려하나 저희가 나를 거스려 거짓을 말하고 성심으로 나를 부르지 아니하였으며 오직 침상에서 슬피 부르짖으며 곡식과 새 포도주를 인하여 모이며 나를 거역하는 도다…저희가 돌아오나 높은신 자에게로 돌아오지 아니하니 속이는 활과 같으며…(호 7:13-16).

이러한 자기 의와 육을 벗는 작업이 금식이다. 본을 보이시기 위하여 예수 그리스도께서 복음 사역을 시작하시기 전에 성령에게 이끌리시어 광야에서 사십 일을 금식하셨다. 그는 근본 하나님의 본체시나 육신의 몸을 입고 세상에 오셨기에 사십 일간의 육을 주리는 극한 고난의 금식을 하셨고 이로써 마귀의 시험을 이기셨다. 예수님이 보이신 금식의 본은 그의 제자 된 그리스도인이 따라가야 할 발자취이다.

> 그때에 예수께서 성령에게 이끌리어 마귀에게 시험을 받으러 광야로 가사 사십 일을 밤낮으로 금식하신 후에 주리신지라 시험하는 자가 예수께 나아와서 가로되 네가 만일 하나님의 아들이어든 명하여 이 돌들이 떡덩이가 되게 하라 예수께서 대답하여 가라사대 기록되었으되 사람이 떡으로만 살 것이 아니요 하나님의 입으로 나오는 모든 말씀으로 살 것이라 하였느니라(마 4:1-4).

간교한 마귀는 사십 일을 주리신 예수님에게 "이 돌들이 떡덩이가 되게 하라"고 육신적 본능을 시험했으나 육을 주리신 예수님은 말씀으로 마귀의 유혹을 물리치셨다. 사람이 육을 주리지 아니하고는 마귀의 유혹을 물리치고 하나님의 말씀으로 살 수 없다. 그리스도인이 금식이 필요한 까닭이 이 때문이다.

> 너를 낮추시며 너로 주리게 하시며 또 너도 알지 못하며 네 열조도 알지 못하던 만나를 네게 먹이신 것은 사람이 떡으로만 사는 것이 아니요 여호와의 입에서 나오는 모든 말씀으로 사는 줄을 너로 알게 하려 하심이니라(신 8:3).

탐식은 사람의 본능 중 가장 기본이 되는 욕구이므로 창세로부터 마귀는 먹음직한 식물로 사람을 미혹했다.

유혹의 덫에 걸려 인류를 사망에 이르게 한 아담과 하와, 잠시 육체의 허기를 참지 못하여 팥죽 한 그릇에 장자의 명분을 팔아 넘겼던 에서, 은 삼십냥에 자기의 주를 십자가에 넘겼던 가룟 유다, 그들의 돌이킬 수 없는 범죄는 미친 육의 탐심이 빚어낸 참극인 것이다.

> 야곱이 가로되 형의 장자의 명분을 오늘날 내게 팔라 에서가 가로되 내가 죽게 되었으니 이 장자의 명분이 내게 무엇이 유익하리요 야곱이 가로되 오늘 내게 맹세하라 에서가 맹세하고 장자의 명분을 야곱에게 판지라 야곱이 떡과 팥죽을 에서에게 주매 에서가 먹고 마시고 일어나서 갔으니 에서가 장자의 명분을 경홀히 여김이었더라(창 25:29-31).

에서는 아버지 이삭의 유업을 받을 수 있는 장자로 태어났음에도 불구하고 배를 위하여 한그릇 팥죽에 지극한 영광의 장자의 명분을 팔았던 비운의 사람이다. "아버지여 아버지의 빌 복이 이 하나 뿐이니이까 내 아버지여 내게도 축복하소서 내게도 그리하소서"(창 27:38)라고 방성대곡했던 에서, 육이 불러온 탐심은 이렇듯 그로 참혹한 결국에 이르게 했다. 탐심은 자기를 얻으려는 우상 숭배의 범죄이므로 마침내 사망에 이르게 한다. 어리석은 에서의 모습은 하나님의 기업을 경홀히 여기고 썩어질 떡을 위하여 영혼을 파는 인생들의 비극적 삶을 대변하고 있다.

◆ 금식만이 하나님의 노를 피하는 살길

　탐학이 지혜자를 우매하게 하고 뇌물이 사람의 명철을 망케 함 같이(전 7:7) 육체의 정욕으로 얻어진 인간의 소유는 영혼을 사망의 그물에 걸리게 한다. 그러므로 간교한 사단은 예나 지금이나 사람으로 먹고 마시고 취하게 하며 시집가고 장가들어 쾌락하여 육을 살찌워 거룩하신 하나님과 멀어지도록 사람의 영혼을 도적질 해왔다.
　아담과 하와를 유혹했고 예수님마저도 시험했던 악랄한 마귀는 이제도 사람이 먹으면 정녕 죽을 간사한 식물을 온 세상 가득히 진설해 놓았다. 간사한 식물은 단지 먹거리만을 가리키는 것은 아니다. 육체가 원하는 모든 유혹거리를 일컫는 말이다.

> 네 마음에 그 아름다운 색을 탐하지 말며 그 눈꺼풀에 홀리지 말라 음녀로 인하여 사람이 한 조각 떡만 남게 됨이며 음란한 계집은 귀한 생명을 사냥함이니라 사람이 불을 품에 품고야 어찌 그 옷이 타지 아니하겠으며 사람이 숯불을 밟고야 어찌 그 발이 데지 아니하겠느냐 (잠 6:25-28).

아름다운 색이란 음욕을 자극하며 육체의 정욕을 충족시키는 음녀의 행음을 뜻하지만 이 역시 성적인 것만을 의미하지는 않는다. 육체적 쾌락의 극치 섹스(Sex)는 물론, 현대인의 절대적 필요악 스크린(Screen), 감정을 흥취시켜 열광케 하는 세계인의 오락 스포츠(Sports), 이 3S는 음녀인 마귀가 인간을 미혹하기 위하여 세상에 진설해 놓은 수많은 단 음식 중에 대표적인 것으로서 원초적 본능을 자극하는 사단의 핵심 문화이다.

그들이 던진 미끼에 탐식자인 인간은 자신도 모르는 사이에 마약에 중독된 사람처럼 악한자의 문화에 중독되어왔고 거기서 삶의 에너지를 충전 받으며 혼미하게 살아가고 있다. 아마도 이것이 없다면 세상은 당장에 마비 될 것이다. 영혼을 죽이는 이 악한 자의 식물은 당장 입에는 꿀같이 달고 기름처럼 미끄럽게 뱃속으로 넘어갈지라도 언젠가는 반드시 토해내야 하는 독극물이다.

> 그는 비록 악을 달게 여겨 혀 밑에 감추며 아껴서 버리지 아니하고 입에 물고 있을 찌라도 그 식물이 창자 속에서 변하며 뱃속에서 독사의 쓸개가 되느니라 그가 재물을 삼켰을 찌라도 다시 토할 것은 하나님이 그 배에서 도로 나오게 하심이니 그가 독사의 독을 빨며 뱀의 혀에 죽을 것이라 그는 강 곧 꿀과 엉킨 젖이 흐르는 강을 보지 못할 것이요 수고하여 얻은 것을 도로주고 삼

키지 못할 것이며 매매하여 얻은 재물로 즐거워하지 못하리라(욥 20:12-18).

영악한 마귀사단은 육체적 쾌락, 풍부한 재물, 과학적 문명, 사치스런 문화의 단 음식으로 인류의 영혼을 손아귀에 사로잡아 정신이 혼미해진 사람들의 세상을 그의 뜻대로 은밀히 조종해 왔고 마침내 절대 군주의 권좌에 앉게 되는 날에는 모든 사람을 그의 노예로 삼으려 하고 있다. 사람들의 영혼과 소유는 물론 목숨까지 빼앗으려는 악마의 무서운 시대가 현실로 다가오고 있다. 몰수이 빼앗기기 전에 잘못 먹었던 독극물을 토해내는 금식이 필요한 시대이다.

때문에 여호와 하나님은 창세때부터 이렇듯 사람이 먹으면 정녕 죽을 악한 자의 식물을 먹지 말라 하셨다. 그러나 흙에서 난 육체를 가진 인간은 '먹지 말라' 하신 참되신 하나님의 말씀보다는 '먹으라' 하는 거짓된 마귀의 말을 듣고 그가 주는 단 음식을 먹음으로써 대적의 땅, 흉악한 마귀의 세상에 팔리게 된 것이다. 그러나 긍휼하신 하나님은 산 자의 땅에 있을 이제라도 목에 칼을 대고 그 간사한 식물을 먹지 말 것을 경고하신다.

네가 관원과 함께 앉아 음식을 먹게 되거든 삼가 네 앞에 있는 자가 누구인지 생각하며 네가 만일 탐식자여든 네 목에 칼을 둘 것이니라. 그 진찬을 탐하지 말라 그것은 간사하게 베푼 식물이니라 부자 되기에 애쓰지 말고 네 사사로운 지혜를 버릴찌어다 네가 어찌 허무한 것에 주목하겠느냐 정녕히 재물은 날개를 내어 하늘에 나는 독수리처럼 날아가리라 악한 눈이 있는 자의 음식을 먹지 말며 그 진찬을 탐하지 말찌어다 대저 그 마음의 생각이 어떠하면 그 위인도 그러한즉 그가 너더러 먹고 마시라 할지라도 그 마음은 너와 함께하지 아니함이라 네가 조금 먹은 것도 토하겠고 네 아름다운 말도 헛된 데로 돌아가리라(잠 23:1-8).

먹고 마시고 장가들고 시집가고 사고파는 일이 이 땅의 인간의 일상적 삶이지만 하나님의 나라는 먹는 것과 마시는 것이 아니요 오직 성령 안에서 의와 평강과 희락이다(롬 14:17). 그러므로 이러한 육체적 본능의 삶은 영의 하나님께 죄가 되고 마침내 하나님의 진노를 불러오게 된다.

"이로 말미암아 그때 세상은 물의 넘침으로 멸망하였으되 이제 하늘과 땅은 그 동일한 말씀으로 불사르기 위하여 간수하신 바 되어 경건치 아니한 사람들의 심판과 멸망의 날까지 보존하여 두신 것이니라"(벧후 3:6-7)하신 말씀대로 옛 시대 소돔과 고모라의 심판이나 노아 시대의 멸망처럼 미래의 시대도 이것으로 멸망하리라고 성경은 경고한다.

노아의 때에 된 것과 같이 인자의 때에도 그러하리라 노아가 방주에 들어가던 날 까지 사람들이 먹고 마시고 장가들고 시집가더니 홍수가 나서 저희를 다 멸하였으며 또 롯의 때와 같으리니 사람들이 먹고 마시고 사고 팔고 심고 집을 짓더니 롯이 소돔에서 나가던 날에 하늘로서 불과 유황이 비오듯 하여 저희를 멸하였느니라 인자의 나타나는 날에도 이러하리라 그 날에 만일 사람이 지붕위에 있고 그 세간이 집 안에 있으면 그것을 가지러 내려오지 말 것이요 밭에 있는 자도 이와 같이 뒤로 돌이키지 말것이니라 롯의 처를 생각하라 무릇 자기 목숨을 보존하고자 하는 자는 잃을 것이요 잃는 자는 살리리라(눅 17:26-33).

이제라도 탐식자인 이 시대가 해야 할 일은 먹고 마시면서 유창한 말로 소리만 높이는 구국 기도회나 더러운 밤을 지내고 와서 의롭게 새벽 기도 모임을 갖는 종교적 행사가 아니라 신랑을 그 방에서 나오게 하며 신부도 그 방에서 나오게 하고 배가 터지도록 먹은 단 음식을 토해내는 진정한 금식인 것이다. 이것만이 하나님의 노를 피하는 살 길이다.

여호와께서 그 군대 앞에서 소리를 발하시고 그 진은 심히 크고 그 명령을 행하는 자는 강하니 여호와의 날이 크고 심히 두렵도다 당할 자가 누구이랴 여호와의 말씀에 너희는 이제라도 금식하며 울며 애통하고 마음을 다하여 내게로 돌아오라 하셨나니 너희는 옷을 찢지 말고 마음을 찢고 너희 하나님 여호와께로 돌아올찌어다 그는 은혜로우시며 자비로우시며 노하기를 더디 하시며 인애가 크시사 뜻을 돌이켜 재앙을 내리지 아니하시나니 주께서 혹시 마음과 뜻을 돌이키시고 그 뒤에 복을 끼치사 너희 하나님 여호와께 소제와 전제를 드리게 하지 아니하실는지 누가 알겠느냐(욜 2:11-14).

The Truth of the Gospel and the End of New World Order

2 교만을 시술해 내는 금식

에워싸인 가운데 앉은 자여 네 꾸러미를
이 땅에서 수습하라 여호와께서 이같이
말씀하시되 보라 내가 이 땅에 거하는 자를
이번에는 내어 던질 것이라 그들을 괴롭게 하여
깨닫게 하리라 하셨느니라
(렘 10:17-18).

사람이 술을 많이 마시면 정신이 혼미해져서 눈에 괴이한 것이 보이는 것 같이 사람의 육체적 정욕이 강하면 눈이 어두워져서 하나님을 아는 명철이 없어지고 소유가 많아지면 마음이 살찌므로 교만해져서 하나님을 배반하게 된다. 그러므로 사람이 땅 위에서 번성하기 시작하면서부터 육이 부대해진 인간은 그 지으신 하나님을 떠나게 되었고 거룩하신 하나님은 교만해진 그들에게서 얼굴을 돌리셨다. 때문에 인간의 사상에 하나님이 존재하지 않게 된 것이다. 이것은 무신한 그들이 이미 하나님의 심판을 받은 것으로서 인간의 참담한 종말을 초래하게 되었다.

> 그러한데 여수룬이 살찌매 발로 찼도다 네가 살찌고 부대하고 윤택하매 자기를 지은 하나님을 버리며 자기를 구원하신 반석을 경홀히 여겼도다…너를 낳은 반석은 네가 상관치 아니하고 너를 내신 하나님은 네가 잊었도다 여호와께서 보시고 미워하셨으니 그 자녀가 그를 격노케 한 연고로다 여호와의 말씀에 내가 내 얼굴을 숨겨 그들에게 보이지 않게 하고 그들의 종말의 어떠함을 보이리니 그들은 심히 패역한 종류요 무신한 자녀임이로다(신 32:15-20).

해 아래서 행하는 모든 죄악에는 그에 상당한 형벌이 있으나 하나님을 저버린 교만은 그 중 가장 무서운 죄악으로써 패망의 선봉이 된다. 때문에 마귀사단은 광야에서 이것으로 다시 예수님을 시험했다.

> 이에 마귀가 예수를 거룩한 성으로 데려다가 성전 꼭대기에 세우고 가로되 네가 만일 하나님의 아들이어든 뛰어내리라 기록되었으되 저가 너를 위하여 그 사자들을 명하시리니 저희가 손으로 너를 받들어 발이 돌에 부딪히지 않게 하리로다 하였느니라(마 4:5-6).

사람의 내면에 강하게 자리하고 있는 교만성을 유발해내기 위해 교활한 마귀는 하나님의 말씀까지 인용하면서 예수님을 미혹하려했다.

"네가 만일 하나님의 아들이라면…뛰어 내리라 그리하면 하나님이 너를 받들어 돌에 부딪히지 않게 하리라." 그러나 육신을 입으셨으나 하나님의 아들이신 그리스도 예수는 "주 너의 하나님을 시험치 말라"고 마귀의 시험을 물리치셨다. 교만은 패망의 선봉이 되므로 마귀사단은 사람으로 높이 들어 올려서 교만하게 하여 하나님께 물리치심을 받도록 인간의 다양한 특성대로 그들의 삶 가운데서 역사한다.

"인생은 일장춘몽이니 먹고 마시고 쾌락하라 그리하면 행복하리라", "네가 부자라면 네 아이를 고액 과외를 시켜 일류 대학에 진학시켜라 그리하면 세상에서 성공하리라", "네가 돈과 명예를 가졌다면 국회에 나가라 그리하면 출세하리라", "네가 유능한 목사라면 세계 교회 협회나 세계 복음 연맹에 가입하라 그리하면 네 목회는 부흥 성장하리라" 등 설령 세상에서 그들이 요구한 것을 얻었다 할지라도 전능자 하나님에 의해 그 영혼이 파리하게 되는 인간의 허영심은 교만의 산물이며 교만은 마귀사단의 속성이다.

처음부터 마귀는 지극히 높으신 자 하나님과 감히 비기려다 하나님의 성산에서 쫓겨나 악심을 품고 천하를 꾀려고 이 땅에 내려와 사람들을 사로잡아 세상 임금이 된 자이다. 그러나 영원한 불못 맨 밑바닥에 떨어질 그의 마지막 날이 멀지 않았다.

> 너 아침의 아들 계명성이여 어찌 그리 하늘에서 떨어졌으며 너 열국을 엎은 자여 어찌그리 땅에 찍혔는고 네가 네 마음에 이르기를 내가 하늘에 올라 하나님의 뭇 별위에 나의 보좌를 높이리라 내가 북극집회의 산 위에 좌정하리라 가장 높은 구름에 올라 지극히 높은 자와 비기리라 하도다 그러나 이제 네가 음부 곧 구덩이의 맨 밑에 빠치우리라(사 14:12-15).

교만한 마귀의 속성을 유전 받은 사람들은 그 본성이 교만하여 인간의 머리이신 창조주 하나님을 겸손히 믿을 수 없고 스스로 자만하여 육체의 소욕을 의지하고 살아간다. 네 발 가진 짐승이 땅에 붙어 먹이 찾기에만 급급하여 그들 머리 위에 하늘이 있음을 알지 못하듯이 탐욕에 눈먼 미련한 인간들은 잠시 후에 불탈 물질과 일락에 그들의 인생을 걸고 살아간다. 예수님은 이러한 인생을 한 어리석은 부자에 비유하셨다.

> 또 비유로 저희에게 일러 가라사대 한 부자가 그 밭에 소출이 풍성하매 심중에 생각하여 가로되 내가 곡식 쌓아 둘 곳이 없으니 어찌할꼬 하고 또 가로되 내가 이렇게 하리라 내 곡간을 헐고 더 크게 짓고 내 모든 곡식과 물건을 거기 쌓아 두리라 또 내가 내 영혼에게 이르되 영혼아 여러 해 쓸 물건을 많이 쌓아두었으니 평안히 쉬고 먹고 마시고 즐거워하자 하리라 하되 하나님은 이르시되 어리석은 자여 오늘밤에 네 영혼을 도로 찾으리니 그러면 네 예비한 것이 뉘 것이 되겠느냐 하셨으니 자기를 위하여 재물을 쌓아두고 하나님께 대하여 부요치 못한 자가 이와 같으니라(눅 12:16-21).

사람들은 흔히 인자하고 경건한 모습으로 의로운 행세를 하는 사람을 겸손한 자라 여기며 세상과 타협하지 않는 당당한 태도를 교만으로 여긴다. 사람들은 이렇듯 외모로 사람을 판단하지만 중심을 보시는 하나님은 전능자를 의뢰하고 자기 하나님께 소망을 두는 사람을 겸손한 자라 여기시며 그에게 하늘 복을 주신다.

> 방백들을 의지 하지 말며 도울 힘이 없는 인생도 의지 하지 말지니 그 호흡이 끊어지면 흙으로 돌아가서 당일에 그 도모가 소멸하리로다 야곱의 하나님으로 자기 도움을 삼으며 여호와 자기 하나님에게 그 소망을 두는 자는 복이 있도다(시 146:3-5).

겸손이나 교만은 겉으로 나타나 보이는 태도가 아니라 하나님께 대한 마음의 자세를 가리키는 말이다. 코에 호흡이 있는 인생이 전능하신 하나님을 의뢰하지 아니하고 자신의 힘과 소유를 믿고 사는 것이 교만이요, 피조물인 인간이 그 연약함을 앎으로 절대 능력자이신 하나님을 의뢰하고 사는 것이 겸손이다. 하나님은 교만한 자를 물리치시나 능하신 손 아래서 겸손히 하나님을 의뢰하는 자를 때가 되면 높이시리라고 약속하신다.

> 젊은 자들아 이와같이 장로들에게 순복하고 다 서로 겸손으로 허리를 동이라 하나님이 교만한 자를 대적하시되 겸손한 자들에게는 은혜를 주시느니라 그러므로 하나님의 능하신 손아래서 겸손하라 때가되면 너희를 높이시리라(벧전 5:5-6).

흔히 종교인들의 모습에서 볼 수 있는, 경건의 능력이 없이 자태로 나타나 보이는 겸손의 모양은 오히려 자기를 얻으려는 교만이며 이 교만은 부자들의 특성이다. 자기를 얻으려고 의를 행하며 태도를 포장하는 교만한 자와 자기를 부인함으로 외모를 포장하지 아니하는 겸손한 자를 사람들은 분별하지 못할지라도 이를 가려내시는 여호와의 한 날이 이르면 심판 주 하나님께서 겸손한 자는 그의 특별한 소유를 삼을 것이나 교만히 악을 행하는 자는 극렬한 풀무불에 사를 것이라고 말라기서는 예언한다.

> 만군의 여호와가 이르노라 내가 나의 정한 날에 그들로 나의 특별한 소유를 삼을 것이요 또 사람이 자기를 섬기는 아들을 아낌같이 내가 그들을 아끼리니 그 때에 너희가 돌아와서 의인과 악인이며 하나님을 섬기는 자와 섬기지 아니하는 자를 분별하리라 만군의 여호와가 이르노라 보라 극렬한 풀무불 같은 날이 이르리니 교만한 자와 악을 행하는 자는 다 초개같을 것이라 그 이르는 날이 그들을 살라 그 뿌리와 가지를 남기지 아니할 것이로되(말 3:17; 18-4:1).

◆ 금식은 부활로 가는 유일한 터널

극한 부함과 권세로 교만해 졌던 바벨론 왕 느부갓네살, 만군의 여호와께서 그로 창대케 하심으로 들짐승이 그 그늘에 있으며 공중에 나는 새는 그 가지에 깃들이고 무릇 혈기 있는 자가 거기서 식물을 얻는, 그의 권세는 하늘에 닿았고 그의 영광은 땅 끝에 미칠만했다. 그는 온 천하가 눈 아래로 내려다보이는 높은 보좌에 앉아서 자신의 힘을 의지하여 "이 큰 바벨론은 내가 능력과 권세로 건설하여 나의 도성을 삼고 이것으로 내 위엄의 영광을 나타낸 것이라"하며 하나님의 능력과 주권을 인정치 않았다.

대저 높이는 일이 동에서나 서에서 말미암지 아니하며 남에서도 말미암지 아니하고 오직 재판장이신 하나님이 이를 낮추시고 저를 높이시는 줄을(시 75:6-7) 교만한 느부갓네살은 알지 못했던 것이다. 지극히 높으신 자가 인간 나라를 다스리는줄을 깨닫게 하시려고 하나님께서 그를 높은 보좌에서 짐승의 자리에까지 끌어 내리셨다.

> 하늘에서 소리가 내려 가로되 느부갓네살왕아 네게 말하노니 나라의 위가 네게서 떠났느니라 네가 사람에게서 쫓겨나서 들짐승과 함께 거하며 소처럼 풀을 먹을 것이요 이와 같이 일곱 때를 지내서 지극히 높으신 자가 인간 나라를 다스리시며 자기의 뜻대로 그것을 누구에게든지 주시는 줄을 알기까지 이르리라 하더니 그 동시에 이 일이 나 느부갓네살에게 응하므로 내가 사람에게 쫓겨나서 소처럼 풀을 먹으며 몸이 하늘 이슬에 젖고 머리털이 독수리 털과 같았고 손톱은 새 발톱과 같았었느니라(단 4:31-33).

여호와께서 느부갓네살을 징계하셨던 금식은 그가 육체와 마음이 원하는대로 교만하게 행했던 죄의 삯인 동시에 그의 교만한 마음을 낮추심으로 참된 자를 알게 하시려는 하나님의 사랑이기도 했다. 왜냐하면 사람으로 망령되게 하는 교만을 빼어버린 후에야 창조 시 하나님께서 만드신 본디 인간상을 회복할 수 있기 때문이다.

> 에워싸인 가운데 앉은 자여 네 꾸러미를 이 땅에서 수습하라 여호와께서 이같이 말씀하시되 보라 내가 이 땅에 거하는 자를 이번에는 내어 던질 것이라 그들을 괴롭게 하여 깨닫게 하리라 하셨느니라(렘 10:17-18).

이 진리가 느부갓네살 왕에게 이루어졌다. 칠 년간의 혹독한 고난으로 죄의 꾸러미를 수습하고 마음이 낮아진 그에게 하나님은 비로소 참된 자를 아는 지각을 허락해 주셨다. "고난당한 것이 내게 유익이라 이로 인하여 내가 주의 율례를 배우게 되었나이다"(시 119:71)라는 다윗의 간증 같이 그의 미친 육의 교만이 꺾인 후에야 자신의 능력과 권세로 큰 바벨론을 얻은 것이 아니라 지극히 높으신 자가 인간 나라를 다스리시며 자기 뜻대로 그것을 누구에게든지 주시는 줄을 알게 되었고 하나님을 앎으로 잃었던 총명과 영광도 되찾게 되었다. 이것이 금식의 목적이다.

...이에 내가 지극히 높으신 자에게 감사하며 영생하시는 자를 찬양하고 존경 하였노니 그 권세는 영원한 권세이요 그 나라는 대대에 이르리로다 땅의 모든 거민을 없는 것같이 여기시며 하늘의 군사에게든지 땅의 거민에게든지 그는 자기 뜻대로 하시나니 누가 그의 손을 금하든지 혹시 이르기를 네가 무엇을 하느냐 할 자가 없도다 그 동시에 내 총명이 내게로 돌아왔고 또 내 나라 영광에 대하여도 내 위엄과 광명이 내게로 돌아왔고 또 나의 모사들과 관원들이 내게 조회하니 내가 내 나라에서 다시 세움을 입고 또 지극한 위세가 내게 더하였느니라 그러므로 지금 나 느부갓네살이 하늘의 왕을 찬양하며 칭송하며 존경하노니 그의 일이 다 진실하고 그의 행하심이 의로우심으로 무릇 교만하게 행하는 자를 그가 능히 낮추심이니라(단 4:34-37).

사람의 영과 육을 결박하여 종래 멸망으로 인도하는 교만, 그 견고한 죄의 사슬을 끊어내는 시술이 금식이다. 다시 말해 금식은 사람의 본성적 교만을 죽이는 훈련이기에 그것은 그리 쉬운 일이 아니다. 때문에 그 고난에는 금생과 내생에 영광의 약속이 있다.

나는 십여 년 전에 건강을 위하여 열흘간의 단식을 했었다. 어릴 적부터 잘못된 식습관으로 생긴 고질적 만성 변비가 만든 장내의 노폐물을 청소해 내기 위해서였다. 생체 리듬에 익숙한 일상적인 식사를 일절 금하고 매일 2리터의 물을 장내에 투입하여 장을 청소해 내는 일이었다. 이 육체의 훈련을 통해서 나는 육의 죄 된 습관을 금하고 생수인 말씀으로 육안의 찌끼를 씻어내는 영적 금식의 법을 배우는 기회가 되었다. 약간의 유익이 있는 육체의 훈련을 받는 단식도 10kg이상의 체중이 감소되리만큼 고난스런 일이었거늘 하물며 영과 육 범사에 유익이 있는 영적 금식이 어찌 쉬울 수 있겠는가.

> 망령되고 허탄한 신화를 버리고 오직 경건에 이르기를 연습하라 육체의 연습은 약간의 유익이 있으나 경건은 범사에 유익하니 금생과 내생에 약속이 있느니라 미쁘다 이 말이여 모든 사람들이 받을만하도다(딤전 4:7-10).

대체 의학에서 자연 치유법이라 하는 단식이 오랫동안 잘못된 식습관으로 장내에 붙어있는 노폐물을 제거해내는 건강복음이라고 한다면 일생 육체와 마음이 원하는 대로 살아온 비대해진 육을 주리고 깍아내는 영적 금식은 영혼의 복음으로서 범사에 유익하다.

주 예수께서 십자가에 달려 육신의 물과 피를 남김없이 쏟으시고 죽으신 것은 이 본을 인간 세상에 보이시기 위함이었다. 하나님께서 육신이 죽으신 예수님을 삼일 만에 부활시켜 만유 위에 높이 드셔서 하늘과 땅의 만민의 주를 삼으신 것은 육을 죽이는 금식이 부활의 영광을 가져다주는 복음임을 확증해 보이신 것이다. 육을 깎고 주리는 금식의 고난이 그리스도인의 죽음이며 이로써 영의 사람으로 다시나서 예수님의 부활에 참여하는 것이 금식의 최종적 결실이다. 그리스도 예수의 마음을 본받아 육 된 자아를 비우므로 하나님께 온전히 복종케 되는 금식, 이것이 부활로 가는 유일한 터널이다.

> 너희 안에 이 마음을 품으라 곧 그리스도 예수의 마음이니 그는 근본 하나님의 본체시나 하나님과 동등됨을 취할 것으로 여기지 아니하시고 오히려 자기를 비어 종의 형체를 가져 사람들과 같이 되었고 사람의 모양으로 나타나셨으매 자기를 낮추시고 죽기까지 복종하셨으니 곧 십자가에 죽으심이라 이러므로 하나님이 그를 지극히 높여 모든 이름 위에 뛰어난 이름을 주사 하늘에 있는 자들과 땅에 있는 자들과 땅 아래 있는 자들로 모든 무릎을 예수의 이름에 꿇게 하시고 모든 입으로 예수 그리스도를 주로 시인하여 하나님 아버지께 영광을 돌리게 하셨느니라(빌 2:5-11).

3 세상의 진찬은 사단의 덫

우리가 온갖 보화를 얻으며 빼앗은 것으로
우리 집에 채우리니
너는 우리와 함께 제비를 뽑고
우리가 함께 전대 하나만 두자 할찌라도
내 아들아 그들과 함께 길에 다니지 말라
네 발을 금하여 그 길을 밟지 말라
대저 그 발은 악으로 달려가며
피를 흘리는데 빠름이니라
(잠 1:13-16).

사람들은 이 땅에서 부귀영화를 누리며 사는 것이 꿈일 것이다. 유괴범들이 철부지 어린 아이들을 그들이 좋아하는 것으로 꾀어가듯이 사람의 영혼을 미혹하려는 마귀사단도 사람들이 좋아하는 것으로 미끼를 삼아 만민을 자기에게로 사로잡아 왔고 심지어 그리스도 예수마저도 이것으로 세 번째 시험했다.

> 마귀가 또 그를 데리고 지극히 높은 산으로 가서 천하만국과 그의 영광을 보여 가로되 만일 내게 엎드려 경배하면 이 모든 것을 네게 주리라 이에 예수께서 말씀하시되 사단아 물러가라 기록되었으되 주 너의 하나님께 경배하고 다만 그를 섬기라 하였느니라 이에 마귀는 예수를 떠나고 천사들이 나와서 수종드니라(마 4:8-11).

마음이 가난한 자만이 할 수 있는 금식, 겸손하신 예수님은 주 너의 하나님께 경배하고 다만 그를 섬기라고 마귀의 간사한 진찬을 물리치셨다. 오직 하나님만을 경배하고 그를 섬겨야 하는 이유는 여호와 하나님은 홀로 천지를 창조하셨고 또한 세상을 종결하실 유일신이기 때문이다. 하늘과 땅과 그 가운데 만물을 창조하지 아니한 자는 참 신이 아니다.

> 여호와는 강대하시니 극진히 찬양할 것이요 모든 신보다 경외할 것임이요 만방의 모든 신은 헛것이요 여호와

께서는 하늘을 지으셨음이로다(시 96:4, 5).

"이 모든 권세와 그 영광을 내가 네게 주리라 이것은 내게 넘겨준 것이므로 나의 원하는 자에게 주노라"(눅 4:16) 하며 예수님을 미혹하려했던 마귀사단의 권세와 영광은 그의 말대로 하나님께서 그의 뜻을 이루시기까지 사단에게 일시 맡겨두신 것이다.

> 하나님이 자기 뜻대로 할 마음을 저희에게 주사 한 뜻을 이루게 하시고 저희 나라를 그 짐승에게 주게 하시되 하나님 말씀이 응하기까지 하심이니라(계 17:17).

그 권세와 영광을 힘입어 세상 임금이 된 마귀사단은 그의 사자에게 능력을 주어 나라들을 멸하기도 하고 그와 화친한 자들에게는 나라들을 맡기기도 하며 또한 그의 산업을 돕는 자들에게는 부와 영광을 주기도 하고 그에게 굴복하지 아니하는 자는 빼앗고 죽이며 임의대로 세계 역사를 주도해왔다.

> 이 왕이 자기 뜻대로 행하며 스스로 높여 모든 신보다 크다 하며 비상한 말로 신들의 신을 대적하며 형통하기를 분노하심이 쉴 때까지 하리니 이는 작정된 일이 반드시 이룰것임이니라…그는 이방신을 힘입어 크게 견고한 산성들을 취할 것이요 무릇 그를 안다하는 자에게는

> 영광을 더하여 여러 백성을 다스리기도 하며 그에게서
> 뇌물을 받고 땅을 나눠주기도 하리라(단 11:36-39).

적그리스도 세력 안에서 부와 권세를 부여받은 지배 엘리트들은 이제 지구촌의 모든 민족과 국가를 하나로 뭉쳐서 그들이 지배하는 새로운 세계로 나아가려 하고 있다. 자유와 평화, 보안과 법질서가 존재하는 미래를 선전하는 그들의 '신세계 질서'는 에덴동산에 있었던 선악을 알게 하는 나무의 실과와 같이 먹으면 정녕 죽을 특이한 사냥꾼의 미끼이다. "우리가 온갖 보화를 얻으며 빼앗은 것으로 우리 집에 채우리니 너는 우리와 함께 제비를 뽑고 우리가 함께 전대 하나만 두자"(잠 1:13-14)며 사람들을 미혹한다.

"내가 깨달은즉 마음이 올무와 그물 같고 손이 포승 같은 여인은 사망보다 독한자라 하나님을 기뻐하는 자는 저를 피하려니와 죄인은 저에게 잡히리로다"(전 7:26)하심 같이 하나님을 경외하는 자는 그의 진찬을 먹지 않으려니와 죄인은 그가 던진 미끼에 걸려들어 마침내 그들의 노예가 될 것이다.

목에 칼을 대고 탐욕을 미워하며 그의 진찬을 받아먹지 않는 금식이 적그리스도의 시대를 살아가는 지혜이리라.

> 가난한 백성을 압제하는 악한 관원은 부르짖는 사자와
> 주린 곰 같으니라 무지한 치리자는 포악을 크게 행하거

니와 탐욕을 미워하는 자는 장수 하리라 사람의 피를
흘린 자는 함정으로 달려갈 것이니 그를 막지 말지니라
(잠 28:15-17).

옛적부터 하나님을 믿음으로 탐욕을 미워한 신실한 자들이 있었으니, 그들이 바로 바벨론의 사로잡힌 자 중에 있었던 다니엘과 그의 세 친구였다.

유다 왕 여호야김이 위에 있은지 삼 년에 바벨론 왕 느부갓네살이 올라와서 예루살렘을 치고 왕과 백성들을 바벨론으로 잡아가고 또 여호와의 전 모든 기구들을 바벨론의 자기 신당에 둔 때의 일이다. 느부갓네살 왕이 환관장 아스부나스에게 명하여 이르기를 이스라엘 왕족과 귀족 중에서 모든 재주를 통달하고 지식이 구비하며 학문에 익숙하여 왕궁에 모실만한 몇 사람을 데려오라 하였으니 그 가운데 다니엘과 하나냐와 미사엘과 아사랴가 그들이었다.

바벨론 왕이 그들에게 갈대아 학문과 방언을 가르치게 하였고 자기의 진미와 자기가 마시는 포도주에서 그들이 날마다 쓸 것을 주어 삼 년을 길러 그 후에 그들로 왕 앞에 모셔 서게 하려 함이었다. 느부갓네살이 그들로 자기의 엘리트를 삼으려 했던 것이다.

그러나 다니엘은 뜻을 정하여 왕의 진미와 그의 마시는 포도주로 자기를 더럽히지 아니하리라 하고 그들에게 분정된 진미와 포도주를 제하고 채식과 물을 먹을 것을 환관장에게 구하니 하나님께서 그들의 믿음대로 환관장에게 은혜와 긍휼을 입게 하셨다.

> 그가 그들의 말을 좇아 열흘을 시험하더니 열흘 후에 그들의 얼굴이 더욱 아름답고 살이 더욱 윤택하여 왕의 진미를 먹는 모든 소년보다 나아 보인지라 이러므로 감독하는 자가 그들에게 분정된 진미와 마실 포도주를 제하고 채식을 주니라 하나님이 이 네 소년에게 지식을 얻게 하시며 모든 학문과 재주에 명철하게 하신 외에 다니엘은 또 모든 이상과 몽조를 깨달아 알더라(단 1:14-17).

다니엘과 그의 세 친구 앞에 진설된 천하제일의 왕의 진미는 예루살렘과 하나님의 성전을 짓밟은 이방 나라 왕이 그들로 자기의 종을 삼기 위하여 간사하게 베푼 식물이었다. 자기 앞에 차려진 왕의 진미가 무엇인지 알아 차렸던 명철한 다니엘과 그의 세 친구들은 죄악을 행하는 자들과 함께하지 아니하였고 저희가 베푸는 진수를 먹지 않았다.

> 여호와여 내 입 앞에 파수군을 세우시고 내 입술의 문을 지키소서 내 마음이 악한 일에 기울어 죄악을 행하는 자와 함께 악을 행치 말게 하시며 저희 진수를 먹지

말게 하소서(시 141:3-4).

바벨론 왕이 그들에게 베푼 왕의 진미는 세상 임금 마귀가 이 땅에 진설해 놓은 간사한 식물을 계시하며 다니엘이 먹었던 신선한 채식과 물은 하늘에서 내려오는 생명의 떡과 영원히 목마르지 아니하는 생수를 뜻하는 것으로서 이 참된 양식과 참된 음료는 예수 그리스도를 계시하는 것이다.

> 이는 하늘로써 내려오는 떡이니 사람으로 하여금 먹고 죽지 아니하게 하는 것이니라 나는 하늘로써 내려온 산 떡이니 사람이 이 떡을 먹으면 영생하리라 나의 줄 떡은 곧 세상의 생명을 위한 내 살이로라 하시니라…내 살을 먹고 내 피를 마시는 자는 영생을 가졌고 마지막 날에 내가 그를 다시 살리리니 내 살은 참된 양식이요 내 피는 참된 음료로다(요 6:50-55).

환관장이 열흘을 시험해본 결과 채식과 물을 먹었던 그들은 왕의 진미와 포도주를 먹은 모든 소년들보다 그 얼굴이 더욱 아름답고 살이 윤택해졌다. 이는 세상 임금이 주는 진미를 먹지 않음으로 육이 빠진 겸손하고 거룩한 영혼의 상태를 의미하는 것이다. "예루살렘 여자들아 내가 비록 검으나 아름다우니 게달의 장막 같을 지라도 솔로몬의 휘장과도 같구나"(아 1:5)하심 같이 마귀가 주는 세상의 진미를 먹지 않으므로 육이 주린 사람의 겉모양은 검은 게달의 장막 같을 지라도 속사람은 의의 예복을 입은 자이다. 거룩하신 하나님은 이러한 겸손한 자를 구원하신다.

> 여호와께서는 자기 백성을 기뻐하시며 겸손한 자를 구원으로 아름답게 하심이로다(시 149:4).

내가 거룩하니 너희도 거룩하라 하신 하나님을 섬김으로 자기의 영혼을 지켜 이방 임금이 주는 식물을 금하고 깨끗한 식물을 먹은 소년들을 기뻐하신 하나님은 그들에게 재주와 명철, 이상과 몽조를 깨닫는 지혜를 주셨다. 악한 자의 세상을 살아가는 하나님의 사람들에게 힘이 되는 지혜, 하나님은 이 특별한 선물을 그들에게 주셨고 그들은 그 지혜로 바벨론의 도를 다스리는 어른이 되었다. 이는 세상이 주는 단 음식을 먹지 않은 하나님의 사람들이 후일에 받을 영광을 계시하는 것이다.

> 왕이 이에 다니엘을 높여 귀한 선물을 많이 주며 세워 바벨론 온 도를 다스리게 하며 또 바벨론 모든 박사의 어른을 삼았으며 왕이 또 다니엘의 청구대로 사드락과 메삭과 아벳느고를 세워 바벨론도의 일을 다스리게 하였고 다니엘은 왕궁에 있었더라(단 2:48, 49).

그러나 육신의 소욕을 따라 세상의 진미를 좇아간 불행한 사람이 있었으니 그는 나오미의 큰 자부 오르바였다. 그녀는 시모 나오미에게 남편이 될 씨나 다른 아무 소망이 없는 현실만을 바라보고 베들레헴으로 돌아가는 나오미를 떠나 그의 소욕을 따라 세상으로 돌아갔다. 그가 택한 현실 세계에는 그를 기쁘게 할 일시적 소유들이 많이 있었으리라마는 가슴 아픈 통한의 미래가 그녀의 것이 될 것은 "나를 저버리고 내 말을 받지 아니하는 자를 심판할 이가 있으니 곧 나의 한 그 말이 마지막 날에 저를 심판하리라"(요12:48)하신 말씀을 인함이라.

> 그 땅에는 은금이 가득하고 보화가 무한하며 그 땅에는 마필이 가득하고 병거가 무수하며 그 땅에는 우상도 가득하므로 그들이 자기 손으로 짓고 자기 손가락으로 만든 것을 공경하여 천한자도 절하며 귀한자도 굴복하오니 그들을 용서하지 마옵소서(사 2:7-9).

이 땅에서 세상 임금의 진미를 받아먹고 육이 살찐 부자와 왕의 진미를 거절하므로 심령이 가난하게 된 자의 훗날에 받게 될 상벌을 보여주는 말씀이 누가복음서 16장에 기록되어있다. 세상의 단 음식을 먹으며 일락을 즐겼던 한 부자와 그 상에서 떨어지는 것을 주어먹으며 가난하게 살았던 거지 나사로의 비유가 그것이다. 이는 믿음으로 세상에서 고난스럽게 살았던 그리스도인의 삶이 내일의 하나님의 위로를 가져다줄 금식의 비밀을 설파하는 진리이다.

> 한 부자가 있어 자색 옷과 고운 베옷을 입고 날마다 호화로이 연락하는데 나사로라 이름 한 한 거지가 헌데를 앓으며 그 부자의 대문에 누워 부자의 상에서 떨어지는 것으로 배불리려 하매 심지어 개들이 와서 그 헌데를 핥더라 이에 그 거지가 죽어 천사들에게 받들려 아브라함의 품에 들어가고 부자도 죽어 장사되매 저가 음부에서 고통 중에 눈을 들어 멀리 아브라함과 그의 품에 있는 나사로를 보고 불러 가로되 아버지 아브라함이여 나를 긍휼히 여기사 나사로를 보내어 그 손가락 끝에 물을 찍어 내 혀를 서늘하게 하소서 내가 이 불꽃 가운데서 고민하나이다 아브라함이 가로되 얘 너는 살았을때에 네 좋은 것을 받았고 나사로는 고난을 받았으니 이것을 기억하라 이제 저는 여기서 위로를 받고 너는 고민을 받느니라(눅 16:19-25).

에필로그

나의 이름

　나는 다만 하나님의 사람일뿐 육신적으로 나를 소개할 아무 것도 없는 소자이다. 하지만 육십을 훌쩍 넘은 세월동안 불리운 이름은 여러 개가 있다. 그것이 내가 살아온 삶을 대변하는 것이리라. 세상에 출생하면서 육신의 부모가 지어준 나의 본명은 열조에게 물려받은 성 이자와 봄 '춘'자에 남향 '남'자 남쪽에서 봄이 온다는 이름의 이춘남, 참으로 모양새도 없고 무의미한 이름이다. 나는 유년, 초년, 청년을 거쳐 중년에 이르기까지 이 이름대로 의미 없는 삶을 살아왔다.
　그 이름아래 살 때 나는 그리스도의 밖에서 하나님에 대해서는 약속도 소망도 없는 개 같은 이방인이었고 세상에 대해서는 지구 한 구석에 붙어있는 작은 나라 그것도 남북으로 반 동강난 땅, 대한민국에서 태어나 보잘 것 없는 가정의 막내 딸로 유년시

절부터 편모 슬하에서 자라난 미말의 인생이었다.

> 그때에 너희는 그리스도 밖에 있었고 이스라엘 나라밖의 사람이라 약속의 언약들에 대하여 외인이요 세상에서 소망이 없고 하나님도 없는 자이더니 이제는 전에 멀리 있던 너희가 그리스도 예수 안에서 그리스도의 피로 가까워 졌느니라(엡 2:12-13).

내 출생지는 함경남도 함흥, 그래서인지 나는 또순이처럼 무엇이든지 끝을 봐야 하는 억척스러운 성질을 지니고 있어서 결혼해서는 남편을 섬기는 일이나 자식을 양육하는 일에도 유별나서 이웃들에게 '극성'이라 불리기도 했었다. 그 당시 나의 그러한 억척스러운 생활 모습을 담은 수기 "나는 또순이예요"라는 제목의 글을 어느 라디오 방송국에 보내어 상을 받은 적도 있었다. 세상에서 그렇게 극성스럽게 육신을 도모하며 살 때에 긍휼의 하나님은 그의 날개 아래로 나를 불러들이셨다. 이때에도 나는 앞길을 막는 거센 핍박을 헤치며 나를 부르신 부르심에 마음과 성품을 다하여 따랐고 예수 그리스도의 복음을 깨달아 가면서는 장애물을 두려워하지 않는 불도저처럼 푯대를 향해 매진했다. 이 때 교회에서 나를 가리켜 '획가닥 돌은 자매'라고 불렀다. 세상에서 하나님께로 획가닥 돌아선, 회개가 뚜렷한 나의 믿음을 일컫는 이름이었으리라.

영혼을 사랑해서 그들에게 하나님의 말씀을 전하고자 하는 전도열 역시 나는 남달랐다. 신발창이 닳도록 영혼을 찾아 다녔고 그들에게 말씀을 가르치는 일에도 수고를 아끼지 아니했을 뿐 아니라 그들의 영혼을 향해 나의 심령이 어떻게 애타 했는지 나의 하나님이 증인이시다.

"우리의 전한 것을 누가 믿었느뇨 여호와의 팔이 뉘게 나타났느뇨"(사 51:1)라고 탄식했던 이사야처럼 나의 열심은 열매를 맺지 못하고 번번이 허공을 쳤고 그렇게 아픈 수업료를 지불하고서야 살리는 것은 영이니 육은 무익하다는 진리를 배우게 되었다.

"어찌하면 내가 광야에서 나그네의 유할 곳을 얻을꼬 그렇게 되면 내 백성을 떠나가리니 그들은 다 행음하는 자요 패역한 자의 무리가 됨이로다"(렘 9:2)라고 탄식했던 예레미야처럼 복음이 발 붙일 곳 없는 세상에서 상처받은 나는 조용히 믿음 생활을 할 수 있는 시골로 삶의 터전을 옮겼다.

강원도 홍천 내면! 아직도 산삼과 약초가 자라나고 있는 두메산골. 진입로도 없어 신발을 벗어 들고 개울을 건너야 만나는 산허리에 돌작밭 삼천 여 평을 하나님께서 허락해 주셨다. 거기에 집을 짓고 꽃과 잔디를 심어 아름다운 전원을 만들고 우리는 귀농생활을 시작했다. 하나님을 멀리 떠나 우상에 미치고 향락에 비틀거리는 도시를 떠나 마음을 오로지 하고 하나님을 섬기며 정직한 흙에 살고 싶어서였다.

도시에서 호미도 제대로 잡아보지 못하고 살아온 우리들의 귀농을 주변 사람들은 염려스러워 했지만 우리는 새벽부터 땅거미가 짙게 드리울 때까지 산을 개간하여 거기에 비닐하우스 몇 동을 손수 짓고 상추, 고추를 심어 가락시장에 일등급 상품을 내었고 이듬해는 비닐하우스 몇 동을 렌트하여 토마토도 재배했다. 나는 역시 이웃 농가들에서 소문난 '억척스런 농부'였다. 농사에 경험이 없었지만 경험보다 더 강한 믿음의 의지로 흙에 땀을 흘렸고 흙은 우리들의 수고에 정직하게 보상해 주었다. 하지만 농산물의 판로 과정은 그렇지 않아 봄부터 땀 흘린 농부들을 울릴 때가 많았다.

그러던 2005년, 은혜로우신 나의 하나님은 'God Zone'이라 불리는 새로운 땅, 뉴질랜드로 우리 가족을 옮기셨다. 아무 연고자도 없는 낯선 나라에 식구마다 여행가방 두세 개씩 들메고 새로운 땅을 밟았다. 마치 이스라엘 백성이 하나님의 'Ready Go!' 명령을 따라 발효되지 않은 떡 반죽 그릇을 어깨에 메고 출애굽 했듯이.

녹색의 뉴질랜드는 마지막 지상 낙원이라 불리우리만큼 아름다웠다. 오염되지 않은 자연 환경, 청렴한 정치. 육의 세상에 어찌 온전한 나라가 있을까마는 육지와 동떨어진 섬나라여서 죄악과 문명의 물살이 한발 더디고 따라서 전쟁과 테러가 없는 평화스러운 이 나라에 우리는 우선 마음부터 정착했다.

내 영혼을 사망에서 생명으로 건져주신 하나님께서 이제 육체마저도 잿빛의 분단의 나라에서 파란 하늘의 평화스러운 나라로 구원해 주신 은혜에 우리는 가슴 벅차도록 감사드리며 무에서 이민 생활을 시작했다. 수고와 인내 없이 얻을 수 있는 것은 하늘과 땅 어디에도 없다는 진리를 앎으로 보다 좋은 나라에서의 양질의 삶을 위한 수업료를 겸손히 지불했기에 주변사람들은 우리를 '이민 모범생'이라 불렀다. 이러한 우리에게 뉴질랜드는 신속히 영주권을 내어주었다.

이곳에서 불려진 이름은 '제레미'였다. 제레미란 구약 예레미야서를 기록한 선지자 예레미야의 영어 이름 제레미야의 준말이다. 예레미야는 하나님께 범죄한 이스라엘과 유다에게 향하신 하나님의 분노와 도래할 심판을 바라보며 눈이 짓무르도록 탄식했던 눈물의 선지자이다.

예레미야가 가슴을 치며 탄식했던 그들의 죄악상은 하나님을 떠난 패역한 인류의 타락한 모습을 그린 것으로서 그 죄는 많은 세월 속에서 본토에 선 푸른 나무의 무성함같이 끊임없이 자라나 이제는 하늘 꼭대기에 닿을 거목이 되어 하나님의 심판의 끝 때에 이르렀다. 온 세상이 귀신의 처소가 된 참담한 현실을 바라보며 비통한 심령을 견딜 수 없어하는 내게 자매들이 붙여준 이름이다.

> 내가 말할 때마다 외치며 광포와 멸망을 부르짖으오니
> 여호와의 말씀으로 하여 내가 종일토록 치욕과 모욕거

리가 됨이니이다 내가 다시는 여호와를 선포하지 아니하며 그 이름으로 말하지 아니하리라하면 나의 중심이 불붙는것 같아서 골수에 사무치니 답답하여 견딜 수 없나이다(렘 20:8-9).

이러한 영혼에 대한 열정이 잠시 하나님의 뜻을 외도하고 사단이 지배하는 세상 위에다 하나님의 교회를 개척했었다. 이때 붙여진 이름은 '목사'였다. 당시에는 명예스럽게 여겨졌던 것이 솔직한 마음이었으나 잠시 후에 하나님 앞에 매우 죄스럽고 나 자신에게도 얼굴이 뜨뜻하도록 부끄러웠던 이름이다.

목사, 겉으로는 양의 옷을 입고 사회에서 성직자로 존경을 받으나 그 속에는 양을 노략질하는 이리처럼 불법과 위선이 가득하므로 하나님이 미워하시는 그 이름을 나는 곧 벗어버렸다. 그 후 나는 가슴이 멍들도록 세상을 탄식하면서 외로이 하나님을 향해 믿음의 내공을 쌓아갔다.

열조의 혈통으로 말미암은 육신이 살아온 삶은 저 흙에 속한 사람들과 같이 세상에 태어나면서부터 사람들과 인연을 맺으며 나의 소견에 옳은 대로 살아왔다. 그때 붙여진 이름은 '여보', '당신', '엄마', '어머니', '할머니' 등 하나님과 결별되어있었던 그 당시에 나는 그 이름에 행복했으며 충실하기도 했었다. 믿음은 사상인지라 나는 주님과 연합되어 갈수록 복음을 복종치 아니하는 혈육들과 점차 멀어지기 시작했다. 세상의 도리로는 이해할 수 없는 이 기이한 현상은 빛과 어두움이 공존할 수 없듯이 믿는 자와 믿지 아니하는 자가 함께 할 수 없는 진리의 법칙으로써 하나님의 사람에게 일어나는 영적 반응이다.

다윗이 "내가 내 형제에게는 객이 되고 내 모친의 자녀에게는 외인이 되었다"(시 69:8)함과 같이 나는 세상에서 그렇게 외계인이 되어가고 있었다. 이는 세상의 썩어질 것을 피하여 신의 성품에 참여케 하시는 하나님의 뜻으로 말미암은 것이었다.

> 그는 그 부모에게 대하여 이르기를 내가 그들을 보지 못하였다 하며 그 형제들을 인정치 아니하며 그 자녀를 알지 아니한 것은 주의 말씀을 준행하고 주의 언약을 지킴을 인함이로다(신 33:9).

예수님이 가신 발자취를 따라 좁은 길을 걸으며 나는 하나님을 배반하며 살았던 지난 날의 죄를 탄식하며 또 잃어버린 영혼들을 가슴 아파하며 때로는 하나님의 사랑에 감격해서 많이 울기도 했었다. 하나님께서 나의 흘린 눈물을 병에 담아 두셨으리라. 이렇듯 나는 나 자신에게는 물론 이거니와 남을 울리는 울음꾼이다. 초상집에서 슬프디 슬픈 장송곡을 불러 상제들의 눈에서 눈물을 쏟아지게 하는 사람을 일컫는 '울음꾼', 이것이 내 별명이다. 나는 사람들에게 존경받는 목사의 호칭보다는 사람들에게 멸시받는 이 별명을 좋아한다. 사람은 죄인인 까닭에 잔치 집에서 희락하는 것 보다 초상집에서 애통하며 슬피 울라고 명하신 하나님의 뜻을 알기 때문이다.

그러나 하나님의 뜻을 알지 못하는 거짓 선지자들은 예나 지금이나 죄인 된 인간에게 죄에 대한 책망은 고사하고 평화와 웃음과 오락을 선사하고 항상 두 팔 벌려 만사형통의 복을 빌지만 자고로 하나님의 보내신 자들은 패역한 백성에게 분노하시는 하나님의 얼굴을 대신하여 그들로 악한 길과 악한 행위에서 돌아서게 하는 곧 회개를 촉구하는 진정한 울음꾼이었다.

> 나와 너 이전 선지자들이 자고로 여러 나라와 큰 국가들에 대하여 전쟁과 재앙과 염병을 예언하였느니라. 평화를 예언하는 선지자는 그 예언자의 말이 응한 후에야 그는 진실로 여호와의 보내신 선지자로 알게 되리라 (렘 28:8-9).

먹고 마시며 희희낙락하는 세상에 애통하며 울기를 바라시는 하나님의 사정을 아는 사람도 없거니와 이러한 만민의 법과 다른 진리의 법에 귀 기울이는 사람도 없다. 그럴지라도 고난을 위해 태어난 인간이기에 그 받는 고난으로 인생의 죄의 짐을 벗고 하나님께 돌아오라는 주님의 애타는 심경을 앎으로 나는 울음꾼이 되었다.

세상에서는 선생님, 사모님, 교회 안에서는 장로님, 집사님,

님,님,님. 이렇게 피차 손을 잡고 사회를 이루는 시대에 나는 만나는 사람마다 눈에서 눈물을 빼게 하고 편지마다 찌르는 칼이요 쓰는 글마다 방망이 같은, 그래서 초상집을 만드는 괴기한 울음꾼이다.

> 만군의 여호와께서 이같이 말씀하시되 너희는 잘 생각하고 곡하는 부녀를 불러오며 또 보내어 지혜로운 부녀를 불러오되 그들로 빨리 와서 우리를 위하여 애곡하게 하여 우리의 눈에서 눈물이 떨어지게 하며 우리 눈꺼풀에서 물이 쏟아지게 하라(렘 9:17-18).

열광하며 '섹시 레이디'를 목청높여 외치며 말 춤을 추는 타락한 시대에게 당치 않은 말씀이다. 때문에 나는 이 일을 때로는 요나처럼 버리고 도망하고 싶을 때도 있었다. 그러나 하나님께서 내게 맡기신 사명이기에 그 누가 뭐라 해도 내가 살아있는 날 까지 이천한 이름에 충실하기를 원한다. 때문에 죽음과 부활, 시대와 역행하는 예수 그리스도의 복음을 담대히 전하는 시대적 울음꾼이 되려고 돌 맞을 각오를 하고 이 글을 세상에 내게 되었다. 세상에서 이름도 성도 없는 '무명작가' 그것은 하나님께 받은 사명을 다한 내게 부쳐지게 될 또 하나의 이름일 것이다.

이 수고는 이후에 불러질 영광스러운 새 이름을 위해서이다. 그 이름은 나의 하나님 아버지께서 지어주실 영원한 나의 이름이리라. 나는 그 새 이름으로 칭해질 영광스러운 날을 사모하며 세상에서 얻은 이름들을 힘겹게 벗어가고 있다.

　육신으로는 대한민국과 뉴질랜드의 국적을 가지고 있지만 나는 어디에도 속해있지 않는 이 땅에서는 외로운 거류자일 뿐이다. 그러나 하나님 나라의 시민권을 가지고 있는 나는 오직 '하나님의 사람!' 이것이 오늘의 나의 자랑스런 이름이다.

> 나는 시온의 공의가 빛 같이, 예루살렘의 구원이 횃불 같이 나타나도록 시온을 위하여 잠잠하지 아니하며 예루살렘을 위하여 쉬지 아니할 것인즉 열방이 네 공의를, 열왕이 다 네 영광을 볼 것이요 너는 여호와의 입으로 정하실 새 이름으로 일컬음이 될 것이며 너는 또 여호와의 손의 아름다운 면류관, 네 하나님의 손의 왕관이 될 것이라(사62:1~3).

참고도서

1. 장화진. 『신세계 질서의 비밀』. 서울: 터치북스, 2011.
2. David Jr Cha. 『마지막 신호』. 서울: 예영, 2010.
3. 데이빗 우튼. 『의학의 진실』. 윤미경 역, 서울: 마티, 2007.
4. 로버트 S 멘델존. 『나는 현대 의학을 믿지 않는다』. 남점순 역, 서울: 문예, 2000.
5. 이리유카바 최. 『시온의 칙훈서』. 서울: 해냄, 2006.
6. 바론 포르첼리. 『성전에 앉아 있는 죄의 사람』. 생명의 서신 편집부 역, 서울: 생명의 서신, 2004.

MEMO

MEMO

복음의 진실과 신세계 질서의 종말
The Truth of the Gospel and the End of New World Order

2014년 5월 30일 초판 발행

지은이 | 이 춘 남

편 집 | 박상민, 진규선
디자인 | 박희경
펴낸곳 | 밀알서원
등 록 | 제21-44호(1988. 8. 12)
주 소 | 서울시 서초구 방배로 68
전 화 | 02) 586-8761~3(본사) 031) 942-8761(영업부)
팩 스 | 02) 523-0131(본사) 031) 942-8763(영업부)
홈페이지 | www.clcbook.com
이메일 | clckor@gmail.com
온라인 | 기업은행 073-000308-04-020, 국민은행 043-01-0379-646
　　　　　　예금주: 박영호(밀알서원)

ISBN 978-89-7135-038-6(03230)

* 낙장·파본은 교환해 드립니다.

총 판 | 사)기독교문서선교회

이 도서의 국립중앙도서관 출판시 도서목록(CIP)은
서지정보유통지원시스템 홈페이지(http://seoji.nl.go.kr)와
국가자료공동목록시스템(http://www.nl.go.kr/kolisnet)에서
이용하실 수 있습니다.
(CIP제어번호: CIP2014016129)